中公新書 2482

木村光彦著

日本統治下の朝鮮

統計と実証研究は何を語るか

中央公論新社刊

まえがき

日本統治下の朝鮮（一九一〇―四五年）で何が起こったか。この主題をめぐって、今までに数多くの本が書かれてきた。それらは通常、政治については弾圧、経済については搾取あるいは収奪、そして貧困化といった言葉で語る。韓国ではもちろん、これが「正しい」歴史認識であり、それ以外にはない。

もう二〇年も前になるが、私はソウルでたまたま、テレビの高校生向け教育番組をみていた。それは実践形式の授業だった。講師は高名な歴史学教授で、聴講する韓国人高校生に、「朝鮮における日本の支配は世界の植民地支配のなかで、最悪のものでした」と語った。つぎの場面では、これにうなずく生徒たちの様子が映った。

日本でも知識人は、多かれ少なかれこうした見方を共有し、それがまた社会的常識となっている。これに反する考え――たとえば、日本は朝鮮で善いこともした、きちんとした統治を行ったし、社会経済の進歩に貢献した――を表明するならば、そのひとは非難される。責め言葉に欠くことはない。無反省、暴言（韓国では妄言という）、反動・極右、良心の欠如、他人の痛みにたいする無理解……。

私は、先の教授の発言を聞いたとき、思った。「このように断言する根拠はどこにあるのだろう、この先生は世界の植民地支配をすべて調べ、比較したうえでこの結論を得たのだろうか、そんなことは無理だろう。そもそも最悪とはどのような意味なのか、それには、何をもって悪とするのか、悪を明確に定義し、かつその程度を計測することが必要なはずだが、それについてこの先生は何も言っていない。気持ちはわかるとしても、学問的とはいえない……」

高校生たちはこのような疑問をもつことはなかっただろう。はたして、韓国の歴史認識にはどれほどの確たる実証的基礎があるのだろうか。

わが国ではかつて、江戸時代を暗いイメージでとらえるのが普通であった。いわく、封建体制下、農民は過酷な年貢取り立てに苦しんだ、産業技術は未発展で昔ながらの手工業しかなかった、貧困のため人口は停滞した、などなど。しかし、こうした見方では明治維新以降の急速な近代化を説明することは難しい。何かプラスの要素があったのではないのだろうか。このような観点から江戸時代の見直しが進み、近年では、農業生産性の向上、市場経済の成長、農民生活の改善、人口の意図的抑制、初等教育の普及といった発展の要素が強調されるようになった。

朝鮮についてはどうか。戦後韓国経済の急成長は世界を驚かせるに十分であった。漢江《ハンガン》の奇跡という表現がそれを如実に示す。日本統治期が暗黒であったならば、それはあり得なかったのではないだろうか。一体、ゼロあるいはマイナスから出発して、ここまで来ることができるものだろうか。

ひるがえって、北朝鮮はどうなのか。現在の北朝鮮は、成長する東アジアのなかで唯一とり残された存在である。その経済は惨憺《さんたん》たる状態で、最貧国に並ぶ。これは日本統治期とどのようなつながりがあるのか、あるいはないのか。日本統治期はやはり暗黒だったのか。

このような疑問に答えるには、地道な実証研究を積み重ねるほかはない。

一九七一年、岩波新書の一冊として、山辺健太郎著『日本統治下の朝鮮』が刊行された。この本は政治、経済の両面から朝鮮を論じたもので、名著とされ、今日まで読みつがれてきた(現在は品切れ)。著者の山辺は共産主義思想の持ち主で、戦時期には獄中にいた。戦後は日本共産党本部に勤務し、のち朝鮮に関する著述活動に従事した。この経歴が示唆するように、この本は終始、日本の朝鮮統治を激烈に批判している。批判のなかにはもちろん、同意すべきものもある。とくに、朝鮮人の民族的尊厳をそこなう諸政策や一九四〇年代の総力戦遂行政策はそうであろう。しかしこの本は、山辺の思想にもとづく「はじめに結論ありき」

の性格がつよく、内容的に著しくバランスを欠く。

本書ではそのようなイデオロギーを排し、実証主義に徹した朝鮮論を提示したい。論点は経済にしぼる。幸い、近年、この分野の研究は長足の進歩をとげ、かつての見解を一変させる議論も登場している。それは、統計データの整備・分析の進展によるところが大きい。本書ではこうした最新の研究成果をとりいれ、叙述を進める。

予告をすれば、本書は山辺の本とは大きく異なる日本統治下朝鮮の姿を描くだろう。また、長いあいだ埋もれていた興味深い歴史的事実を明らかにするだろう（そのひとつは、北朝鮮の核開発のルーツがじつは日本統治期にあったことである）。

本書をとおして、日本の朝鮮統治にたいする一般の理解が少しでも深まり、それがひいては日韓の真の友好親善に寄与するならば、著者としてこれにすぎる幸いはない。

目次

日本統治下の朝鮮

朝鮮半島，日本統治期

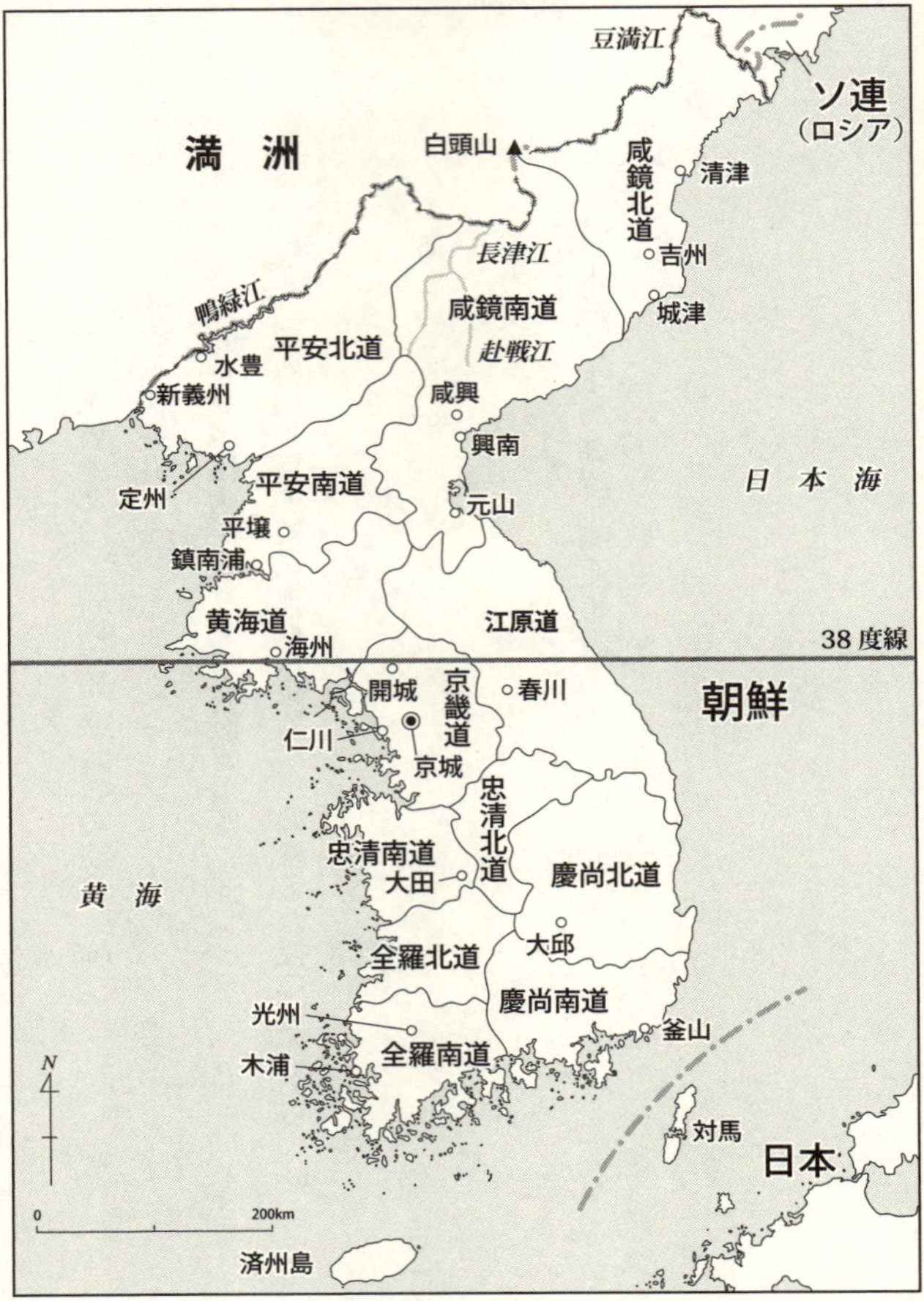
豆満江
ソ連
（ロシア）
満　洲
白頭山
咸鏡北道
清津
吉州
長津江
城津
鴨緑江
咸鏡南道
平安北道
赴戦江
水豊
新義州
咸興
興南
定州
平安南道
日　本　海
元山
平壌
鎮南浦
江原道
黄海道
38度線
海州
開城
京畿道
春川
朝鮮
仁川
京城
忠清北道
忠清南道
大田
慶尚北道
黄　海
大邱
全羅北道
慶尚南道
光州
釜山
全羅南道
N
木浦
対馬
日本
0
200km
済州島

日本統治下の朝鮮

——統計と実証研究は何を語るか

◎韓国併合前史（巻末年表参照）

日清戦争（一八九四―九五年）で日本が勝利した結果、朝鮮王朝は清朝への服属（宗属関係）から脱した。国王（高宗）は、一八九七年、完全な独立国であることを内外に示すため、清の君主と同格の皇帝に即位するとともに、国号を朝鮮から大韓（帝国）に改めた。

一九〇四年二月、日露が開戦、両国間の戦争は一年七ヵ月に及んだ（〇五年九月、ポーツマス講和条約締結）。この間、一九〇四年八月、日本政府は大韓帝国政府と第一次日韓協約を結んだ。これによって財政、外交、学務、警務など、政府の重要部門に、日本政府が推薦する日本人または外国人の顧問が雇用されることになった。

一九〇五年一一月には第二次日韓協約が締結され、日本政府が大韓帝国の外交権を掌握した。翌〇六年、日本政府は首都漢城に統監府を開設した（初代統監、伊藤博文）。この後、統監府は第三次日韓協約にもとづき、外交だけでなく、内政にも大きな権限を行使した。

一九一〇年八月、日本は大韓帝国を併合、帝国日本の一領域、朝鮮とし、統治のために、統監府に代わり朝鮮総督府を設置した（初代総督、寺内正毅陸軍大将）。漢城は京城と改称された。

凡例

本書では、日本の敗戦後の南北分断を念頭に、日本統治期の朝鮮半島にかんして、おおむね北緯三八度線を境として、以北を北朝鮮、以南を南朝鮮（簡単には、北、南）と呼ぶ。

日本統治期、朝鮮（人）にたいして日本（人）は内地（人）と呼ばれた。戦後の多くの書物はこれを踏襲せず、当時の内地を日本と記している。本書では歴史的用語を尊重する立場から、日本統治期については、地域（住民）を指す場合、原則として日本（人）を内地（人）と呼ぶ。

序章

韓国併合時

——一九一〇年代初期の状態とは

日本が統治を始めた一九一〇年代初期、朝鮮の経済はどのような状態にあったのだろうか。まず、経済に影響を及ぼす自然条件とあわせて、この点について述べておく。

1　朝鮮半島の自然条件

大陸的な地勢・気候

朝鮮の最北部は、東で豆満江《とまんこう》（図們江《ともんこう》）、西で鴨緑江《おうりょっこう》（ヤールー川）沿いに満洲（現中国東北部）と接する。両江は流量、延長の点で日本にみられない大河である（延長は豆満江が五二一キロ、鴨緑江が七九一キロ、これにたいし日本最長の河川である信濃川は三六七キロ）。とくに鴨緑江は、支流の赴戦江《ふせんこう》、長津江《ちょうしんこう》とともに、水力発電の大きな潜在力を秘めていた。

北朝鮮東部の大部分は山地・高原である。同西部は、北方に山地が広がる。平野が存在するのは、平壌《へいじょう》《ピョンヤン》周辺から黄海沿岸地域にかけてである。南朝鮮も東部と中央部は山がちであるが、南西部には比較的平野が多い。

朝鮮の気候は、日本と比べて大陸的である。すなわち、少雨・乾燥、冬季寒冷・夏季高温を特色とする。北朝鮮は春が遅く秋が早いので、二毛作に不適である。しかし八月の平均気温は二〇度を超え、最高気温が三〇度近くまで上昇する。そのため一部の地域を除き、米作ができる。南朝鮮では南部を中心に二毛作が行われる。

未探索だった鉱物資源

朝鮮半島とくに北朝鮮は古来、金銀を産した。たとえば、北朝鮮北東部の検徳鉱山は大銀山として中世から知られていた。検徳鉱山には日本との関わりもあった。一六世紀に豊臣秀吉の軍が朝鮮に攻め入ったさい、加藤清正が同鉱山を支配下に置いたのである。北朝鮮西部では雲山金山が著名であった。

しかし朝鮮王朝は金銀開発に積極的ではなかった。これには、明、清への金銀流出を恐れたこと、農業重視の理念がつよかったこと、採掘技術が未発達であったことなど、さまざまな要因が働いていた。日本では戦国期から金銀採掘量が大きく増え、江戸期の貨幣経済発展の基礎となった。両国のこの相違は、比較史の観点から非常に興味深いが、本書のテーマから外れるのでこれ以上は触れない。

平壌には無煙炭田が存在した。朝鮮王朝時代には、微々たる量ではあるが、近隣の村人がこの無煙炭を温突《オンドル》（暖房）や炊事に利用していた。

平壌炭田につよい関心を寄せたのが、日本海軍である。それは、煙が出ず、敵に探知されにくい無煙炭燃料が軍艦用に好適だったからにほかならない。日本海軍は、早くも一八八〇年代に平壌炭田の調査を始めた（当時、日本は年間一〇〇万トン以上の石炭を産したが、大部分は有煙炭で、無煙炭はごくわずかにすぎなかった）。平壌の近辺にはいくつかの鉄鉱山もあった。

北朝鮮にはそのほか、日本にはみられない多種多様な鉱物資源が分布した。それは、朝鮮半島とりわけ北朝鮮の地層の形成史が、満洲、華北と類似する一方、日本列島と大きく異なったからである。

地下資源の大部分は未探索のまま放置されていた。それが次々に発見されたのは、日本統治期とくに一九三〇年以降のことである。この点はのちに具体的に述べる。

2　農業依存社会——未発達の都市商業と工業

低い農業生産性

近年の研究によると、韓国併合当時、朝鮮の総人口は一五〇〇万—一六〇〇万人（内地総人口、五〇〇〇万人の約三分の一）であった。

一九一〇年の総督府統計では、朝鮮の全戸口の八〇％を農業戸口が占めた（表0－1）。

表0-1　朝鮮人職業別戸口，1910年12月末日現在（千戸）

農業	漁業	工業	鉱業	商業	官公吏	両班
2,337	36	29	4	185	16	61
儒生	日稼	その他	無職	合計		
21	94	41	31	2,855		

原注：職業ハ戸主ニ就テノ調査ニシテ同一戸主ニシテ二三ノ職業ヲ兼ヌル者ハ各別ニ之ヲ計上セシニ依リ現住戸ロト符合セス．職業中両班トハ古昔文武官ヲ奉セシ者ノ子孫ニシテ儒生トハ漢学ヲ以テ家ヲ立ツル者ナリ．
出所：朝鮮総督府『朝鮮総督府統計年報　明治四十三年』125-126頁．

反面、商業や工業に従事する戸口はごく少数だった。日本では一八七〇年代初期、全有業人口にたいする農林業人口比は七〇％程度であり、前記データは、併合当時の朝鮮経済が日本の明治初期以上に、農業に依存していたことを示唆する。

北朝鮮の農業は一年一作の畑作を主とし、二年三作を従とした。焼畑（朝鮮語では火田《かでん》）・休閑地も多かった。これにたいして南朝鮮では一年二作が普通で、とくに南部地方では水田二毛作（表作は米、裏作は麦など）が盛んに行われた。

北朝鮮で最大の栽培面積を占めたのは粟《あわ》である。次いで、東部では大麦や稗《ひえ》、大豆、西部では米、大豆の栽培が多かった。戦後北朝鮮で主食となるトウモロコシは、北西部の平安北道以外、少なかった。

南朝鮮では米作が最多で、大麦作と大豆作がこれに次いだ。米の反収（一反、約一〇アール当たり収量）は北朝鮮では〇・八石（玄米、約一二〇キログラム）前後、南朝鮮では一石ほどであった。日本では一八八〇年代に全国平均で一石を超えており、一九〇〇年代には二石近くに達していた。東北地方でも一九一〇年頃には一・五石水準であり、これらに比べると、朝鮮の米作の（土地）生産性はかなり低い。

全朝鮮の人口一人当たり米生産量は、近年の推計によると、一九一一―一三年平均、〇・六七石であった。これもやはり日本の明治初期の水準を下回る（一八七四―七六年平均、〇・七三石）。

米作の低生産性は技術的な問題によるところが大きい。灌漑《かんがい》設備が少なく、田の大半は天水田、またはそれに近い状態の田（水利不安全田）が占めた。肥料は糞灰《ふんかい》、厩肥《きゅうひ》、草肥など、大半が農家の自給自足であった。糞灰は、オンドル用燃料の残り灰と人糞を混ぜて作った。畑作では無肥の場合も少なくなかった。併合当時、干鰯《ほしか》、獣（牛、豚、犬）骨の生産量は多かったが、それらは国内の肥料用ではなく、もっぱら対日輸出品であった。

朝鮮の畑作には、日本と異なる独特の栽培技術が存在した。これは日本統治期には一般に、後れた技術とみなされた。しかし第二次世界大戦後、粗放ではあるが自然条件に適合した技術として再評価の対象となっている。

たとえば、粟と大豆・小豆の混作または間作は、乾燥がちで降水量にむらがある条件下、作物の全失を避けるうえで合理的である。輪作、とくに北朝鮮西部でみられた二年三作の輪作も、すぐれた栽培法とみなされるようになっている。麦・粟などイネ科の作物と大豆・小豆などマメ科の作物を交互に栽培することで、少ない施肥でも地力が維持できたからだ。

特用作物として注目すべきは棉《わた》である。棉作は南朝鮮の南部で盛んであった。北朝鮮の産地は南西部に限られた。収穫物は伝統的な農家手織綿布の原料となった。

畜牛の重要性――耕作、食材、運搬

一九一〇年代初め、内地、朝鮮とも畜牛総数は約一三〇万頭であった。人口比でみると、朝鮮の牛の多さは顕著である。地域別には、北朝鮮とくにその東部（咸鏡《かんきょう》南・北道）で、農家数にたいする牛頭数の割合が高かった。

朝鮮牛（黄牛）は、体格、受胎力、強健さ、粗食・悪環境にたいする耐性の点で、内地牛より格段にすぐれていた。性格上の特性もあった。それは温和怜悧《れいり》なことで、御者の命におとなしく従う姿は驚異的とすらいわれた。朝鮮農民は昔から牛を家族同様といえるほど大事に扱い、その育成・改良に努めた。朝鮮牛の特性はその成果である。

農民は牛を、三―八歳ぐらいまで耕作・牽引《けんいん》用に飼育し、その後は食肉用として販売した。

他方、朝鮮には馬耕の習慣がなかった。馬は非常に少なく、体格も貧弱であった。農民は狭い耕地でも、人力ではなく牛を使って耕作した。朝鮮では伝統的に、耕地面積を牛耕何日分で表した。これは牛耕の普遍性、重要性を物語る。

牛耕は一般に、北朝鮮では二頭犂《すき》、南朝鮮では一頭犂で行われた。農民は牛の使役に長《た》け、子どもでもその技能を身につけていた。

育牛・牛耕の発達要因について、併合当時の内地人観察者は、以下の点を指摘している。土地面積に比して人口が希薄である、放牛可能な山野が多い、風土気候が適す、住民が牛の飼養・管理に堪能である。

これは表面的な観察以上のものではない。東アジア・東南アジア全体をみると、朝鮮のこの状況は奇異ではない。むしろ、この点では近世日本が特異である。よく知られるように、日本では牛耕（および馬耕）が衰退し、人力による耕作に替わった。これは日本経済史でしばしば「勤勉革命」といわれるが、朝鮮をはじめアジアに普遍的な現象ではない。内地人観察者が驚いたのは、自国の事情にとらわれ、狭い視野を脱し得なかったからである。

牛の有用性は耕作、食材にとどまらない。

朝鮮では一般に、運搬手段として牛車を使った。その請負（運送業）は重要な農家副業であった。とくに冬作の不可能な北朝鮮北東部ではそうである。さらに糞と骨は肥料、皮は軍靴や馬具など皮製品の材料となった。そのため併合以前から、多くの生牛、牛皮、牛骨が日本や極東ロシアに輸出された。

北朝鮮東部の一地域では俗に「老父死すとも一家窮せず、家牛斃《たお》るれば一家窮す」といわれた。牛の存在はそれほど貴重だったのだ。

全土に均等に分布した定期市

都市商業は未発展であった。それをよく示すのは都市の規模である。一九一〇年、最大都市の京城《けいじょう》（ソウル）でも総人口は二七・八万人（うち内地人が三・八万人）にすぎない。ほかに一〇万人を超す都市はなかった。第二の都市、釜山の総人口は七・一万人、北朝鮮の最大都市、平壌の総人口は四万人に達していなかった。

農民にとって日常的な商業取引の場は、五日ごとに開かれる定期市であった。農民はそこで、銅銭または物々交換によって、余剰生産物や特産物を売買した。

市の特徴はその地理的分布で、農民の徒歩一日行程を基準とし、人口にたいして全土にほぼ均等に分布していた（人口密度が南で相対的に高かったので、南のほうが市場数は多い）。

各地域では、開市日が近隣同士で異なった。そのため、農民は原則的に、どの日でも近くの市に行き、取引に参加することができた。このように朝鮮では、長い期間を経て市のネットワークが全土に広がり、一つの均衡に達していたのである。

専業商人には、定期市を巡る行商人、都市の店舗商人、遠隔地交易に従事する卸売商人などがいた。王朝時代、よく知られたのが漢城や開城の商人である。前者は宮廷の必要物資を独占的に調達、後者は朝鮮人参の流通を掌握していた。

未発達の工業

併合当時、朝鮮全体を見渡して、工場らしい工場はほとんどなかった。一九一一年、原動機を備える工場は全朝鮮で二五二工場、うち零細な精米工場が七五工場で最多であった。これら工場の原動機総馬力数はわずか六〇〇〇余で、その六割がガス・電気業の九工場に集中していた。資本金でみると、九〇%以上は内地人資本が占めていた。

朝鮮人工業の大半は、手作業による農家副業であった。労働者を雇用する専業経営もあるにはあったが、少数にすぎない。主たる工業製品は味噌、醤油、酒など食料加工品と繊維製品であった。食料加工品は各農家がもっぱら自家用に生産した。

農村綿工業とくに綿糸生産は開港（一八七六年）以後、日本、英国の工場製品におされ衰退した。それでも一九一一年、全朝鮮で綿糸、綿布生産にそれぞれ二五万戸、四八万戸が従事していた。農家は通常、一戸一台の地機《じばた》で自家用綿布（白木綿）を生産した。

麻織物は朝鮮人の夏季衣料、葬祭用として必須であった。一九一一年、生産農家数は三六万戸で、南朝鮮南東部の慶尚《けいしょう》南・北道、北朝鮮東部の咸鏡南道を主産地とした。

養蚕《ようさん》、製糸、絹織も各地で行われた。北朝鮮では咸鏡南道永興郡が蚕業《さんぎょう》地として知られた。同郡の蚕業農家は機業には従事せず、仲買人をつうじて繭《まゆ》を販売した。繭を購入した農家は、器械を使わずに手作業で糸をとった。

主な絹製品は紬《つむぎ》で、上流階級用に販売された。北朝鮮西部の紬産地には徳川、泰川、寧《ヨン》辺、義州、亀城の各郡があり、なかでも泰川紬、寧辺紬が広く名を知られた。南朝鮮では慶尚北道《ビョン》とくに尚州が主産地であった。

3　食物消費と教育水準

主食は雑穀、山菜や野草も貴重な食料

日本の農村では一九世紀後半、日常的に米を食べることができない家庭は多かった。とりわけ東北地方や各地山間部ではそうであった。より生産性の低かった朝鮮では、恒常的な米食可能人口はさらに少なかった。つねに米食ができたのは都市富裕民と上層農民に限られ、一般民は雑穀を常食としていた。米産地も例外ではない。

たとえば、北朝鮮西部の米産地では中流以下の農民はほとんど米食をせず、粟、小豆、稗、麦の混食を普通とした。副食物は主に野菜の塩漬けで、春から初夏にかけては山菜の摂取が多かった。ほかに干魚、牛・豚・鶏・犬肉を副食としたが、その機会は少なかった。一九一

五年の北朝鮮北東部、咸鏡北道の米食調査結果によると、米を常食とする者は全体の一％以下で、その大部分は都市（清津《せいしん》・城津《じょうしん》）の住民であった。地域民の半数以上は、年間をとおしてまったく米を食べていない（『朝鮮農会報』第一一巻第六号、一九一六年）。

南朝鮮でも同様であった。一九一四年の調査では、米作地帯の全羅《ぜんら》北道で、一九・一万の総農戸のうち、年間をつうじて米食ができる「上流者」は一・一万戸、すなわち全体の六％にすぎない。他は、秋の米収期から半年間のみ米食し、五月の麦収後の半年間は麦食する中流者が四・一万戸（二二％）、米収後、米、麦、粟、野菜類を混食し、麦収後は麦食する下流者が七・九万戸（四二％）、年間をつうじて三食が不可能、一食もしくは二食で辛うじて生活する細農が五・八万戸（三一％）であった（同前、第九巻第九号、一九一四年）。

このような状況だったから、王朝時代の朝鮮では南北を問わず、飢饉がひんぱんに起こった。併合直前の一九〇九年にも北朝鮮の咸鏡南道文川郡で飢饉が起こり、相当数の農民が豆《まめ》粥《がゆ》、草根木皮で命をつなぐ状態に陥った。国境を越えて満洲に移住する者も少なくなかった。

朝鮮農民にとって山野に自生する植物は貴重な食料であった。ノビル、ワラビ、タンポポ、セリ、キキョウ、カズラ、ハコベ、ナズナ、ヒルガオはその代表的なものである。そのほか、葛《くず》の根や松の内皮、粟の茎を細粉し、粥や餅にする救荒食物調理法が広まっていた。

教育水準——儒学と男子中心

朝鮮には、書堂《ソダン》と呼ばれる伝統的な初等教育機関が存在した。その起源は、遠く高麗《こうらい》時代に遡《さかのぼ》るといわれる。

書堂は通常、教師一人に一〇人程度の児童が学ぶ私塾で、わが国の寺子屋に類似する。しかし、つぎの二つの点で顕著な違いがあった。第一に、寺子屋には少なからず女子がいたが、書堂の就学児童はほぼ全員、男子であった。第二に、寺子屋の教科は商売や農事のやり方など実用的な内容を豊富に含んでいたが、書堂の教育はほぼ一〇〇％儒学の古典に依《よ》っていた。

大韓帝国期に入ると、知識人による近代的私立学校の設立が活発になった。その大半は小規模の初等または中等教育機関であった。

統監府の時代には、朝鮮人子弟向けに、日本の小学校にあたる普通学校が主要地に開設された。併合後は、総督府がこれを引き継いだ。

書堂は朝鮮全土にくまなく存在し、総督府の調査では、一九一二年現在、総数は一万六六五四〇にのぼり、私立学校、普通学校よりはるかに多い。しかし平均規模が小さかったため、書堂就学児童総数はおよそ一四万人にすぎなかった。

同年、書堂を含む諸学校の児童総数対人口比は全朝鮮で一・四％である。後年のデータを参考に学齢児童数を全人口の一五—二〇％と仮定すると、この数値は七—九％の就学率に相当する。

一八七三年の日本の小学校就学率は、男子が四〇％、女子が一五％であり、これと比較すると、併合当時の朝鮮児童の就学率ははるかに低い。明治初期日本の初等教育普及度は、江戸期の実績を基礎としていた。近代以前、朝鮮の初等教育が日本より未発展であったことは確かである。

書堂の教育がほぼ男子に限られていたことから、女子にはほとんど教育機会がなかった。後年、一九三〇年の国勢調査では、四〇歳以上の女子の九割以上がハングル読み書き不能と回答した。王朝時代の女子教育欠如は、この統計からも知ることができる。

地域ごとにみると、書堂教育は北朝鮮のほうが相対的に普及していた。朝鮮では伝統的に、南朝鮮とくに慶尚道で儒学が盛んで、そこでは儒学者（儒生、前表0－1原注参照）の数もまた多かった。この点からすれば、初等教育の普及度は相対的に南朝鮮で高かったと想定するのが自然である。だが、事実はその反対であった。その理由はよくわからない。

一つの考え方は、儒学を担う両班《ヤンバン》（貴族）支配層が庶民教育にたいして抑圧的であったとみることである。朝鮮社会では、儒学の知識が社会的地位の前提であった。その下では、両班は教育機会を独占することに利益を見出したであろう。北朝鮮では両班の勢力が相対的に弱かったため、庶民教育の抑圧度合が小さかったのかもしれない。

第1章

日本の統治政策

——財政の視点から

統治の特徴は何より、統治主体の財政状況に表れる。これは、時代、国・地域を問わず、一般的に言えることである。そこで、この第1章では、総督府の財政についてくわしく検討しよう。対象期間は一九三六年までとし、その後は第4章に譲る。財政の議論に入るまえに、まず統治機構と人員をみておく。

1　朝鮮総督府の機構と人員

膨張する総督府

二〇～二一頁の表1－1～3は総督府の機構一覧である。表1－1は初期のもので、基本的に統監府の機構を踏襲している。一九一九年三月、万歳騒擾《そうじょう》事件（大規模な反日運動、戦後韓国では三・一独立運動と呼ばれる）が起こり、これを契機に、総督府は機構を大幅に改めた。表1－2はこの改革後、一九二二年の機構である。表1－3は、それから一三年後、一九三五年の機構を示す。

一見して、機構の拡張が明瞭である。本府（総督府中央）の部局数（官房を含む）は五、七、八と増えた。所属官署数はいっそう大きく増加し、当初の二〇から二二、さらに三二になった。

こうした拡張は自然なもので、とりたてて注目に値しないと思われるかもしれない。しかしわずか二〇余年間のこの顕著な変化は、やはり意義深い。総督府が行政の各面で業務を大幅に拡大させたこと、つまり、政府の役割が増大したことを示すからである。

人員も増大した。正規職員（いわゆる官僚）に嘱託《しょくたく》・雇員を加えた人員総数（国費支弁の中央官僚のみ）は一九一四年にはおよそ二・五万人であったが、一九三七年には六・五万人になった。

官僚数でみると、朝鮮総督府は帝国政府全体のなかで大きな割合を占め、しばしば、同府が巨大官庁と化したといわれる。たとえば一九二六年末、帝国の官僚総数は一四・八万人、そのうち、朝鮮総督府が二・八万人で最大、これに次ぐのが逓信省の二・三万人、鉄道省が二・一万人であった（岡本『植民地官僚の政治史』四三―四五頁）。

しかし朝鮮総督府は、朝鮮という大きな外地の中央政府であったのだから、内地の一省より多くの人員を擁していたのは驚くにはあたらない。朝鮮で、内地の逓信省に相当したのは逓信局、同じく鉄道省は鉄道局（鉄道運営を満鉄に委託していた一九一八―二五年を除く〈後述〉）であった。これらの局を包括していた総督府を、内地の逓信省や鉄道省と比較して巨大視するのは適切とはいえない。

表1-1　朝鮮総督府機構一覧，1912年4月現在

朝鮮総督府	所属官署
官房	中枢院
内務部	各道
度支部	警務総監部
農商工部	裁判所
司法部	監獄
	鉄道局
	逓信局
	臨時土地調査局
	税関
	営林廠
	医院
	済生院
	平壌鉱業所
	勧業模範場

表1-2　同一覧，1922年3月31日現在

朝鮮総督府	所属官署
総督官房	中枢院
内務局	各道
財務局	警察官講習所
殖産局	逓信局
法務局	海員審判所
学務局	専売局
警務局	税関
	裁判所
	監獄
	営林廠
	医院
	済生院

表1-3　同一覧，1935年8月31日現在

朝鮮総督府	所属官署
総督官房	中枢院
内務局	逓信局
財務局	鉄道局
殖産局	専売局
農林局	道
法務局	税務監督局
学務局	税関
警務局	裁判所
	刑務所
	警察官講習所
	供託局
	営林署

注：表記は，一部修正した以外，原資料通り．課，支所など下部機構は省略．

- 中央試験所
- 土木会議
- 朝鮮関税訴願審査委員会
- 高等土地調査委員会
- 道地方土地調査委員会
- 諸学校

- 平壌鉱業所
- 勧業模範場
- 中央試験所
- 獣疫血清製造所
- 水産試験場
- 土木会議
- 朝鮮関税訴願審査委員会
- 高等土地調査委員会
- 林野調査委員会
- 官立学校

- 済生院
- 癩療養所
- 感化院
- 中央試験所
- 農事試験場
- 穀物検査所
- 種馬牧場
- 種羊牧場
- 林業試験場
- 水産試験場
- 獣疫血清製造所
- 京城帝国大学
- 諸学校
- 図書館
- 朝鮮関税訴願審査委員会
- 林野調査委員会
- 朝鮮簡易生命保険審査会
- 朝鮮史編修会
- 海員審判所
- 朝鮮総督府宝物古蹟名勝天然記念物保存会

出所：朝鮮総督府『朝鮮総督府施政年報　大正十年度』36-37頁間挿入図，朝鮮総督府編『増補　朝鮮総督府三十年史（２）』付表，1-4頁，萩原「朝鮮総督府官制とその行政機構」54-56頁．

中央官僚数対人口比をみると、一九二六年末、内地は一〇万対六〇〇〇万（人口千人当たり一・七人）、朝鮮は二・八万対一九〇〇万（同、一・五人）で、朝鮮の官僚は内地よりやや少ない。ただし、このような比較の場合、年により、また官僚の範囲のとり方により結果が変わり得るので注意が必要である。

内地人主体の直接統治

総督府の全人員を民族別に観察すると、一貫して内地人が朝鮮人より多い。たとえば一九三七年、総数約六・五万人のうち、内地人は四・一万人、朝鮮人は二・四万人だった。高級官僚の親任官（大臣級で、天皇が直接任命する）・勅任官（長官・次官・局長級）と中級官僚の奏任官（課長級）の多くは内地人である（トップの総督には、斎藤実《まこと》海軍大将を除き、代々、陸軍大将が就いた）。内地人は下級官僚の判任官（課員級）と雇員（正規官僚外）にも多数いた。朝鮮人にも高級官僚はいたが、それはほぼ、一部の儀礼的・固定的ポストに限定されていた。

日常の総督府行政を担っていた局長、課長は、内地と同様、多くが東京帝国大学法学部の出身だった。そのなかでは次第に、朝鮮在勤の長い官僚、とくに総督府で官僚生活を始めた「朝鮮生え抜き」の官僚が増加する。彼らは、朝鮮の事情を熟知する朝鮮エキスパートとして官界で存在感を高めた。

内地人官僚の多さは、日本がいわゆる直接統治を行ったことを反映する。それは英国のインド統治と対照的である。同統治は通常、間接統治といわれ、非常に少数の英国人エリート官僚が多数のインド人官僚を使って行政に従事した。他方、一九世紀以降のオランダの東インド統治は日本と同様、直接統治で、その下で現地人の下級行政官僚が次第に増加した。

列強諸国の植民地行政の比較は興味の尽きないテーマであるが、それを論じるには大部の書物を要する。ここでは以上の短い指摘にとどめる。

2　財政自立の模索――統監府時代から一九三六年まで

前　史――目賀田改革

一九〇四年、第一次日韓協約にもとづき、大蔵省主税局長、目賀田種太郎《めがたたねたろう》（一八五三―一九二六）が大韓帝国（以下、韓国）政府の財政顧問に就任した。目賀田は幕臣の家に生まれ、若くしてハーバード大学ロースクールに留学、学位を得た俊秀であった。

目賀田とともに多数の日本人が、顧問付き事務官として韓国政府に入った。その数は統監府設置後の一九〇七年には四〇〇名を超えた（水田『統監府時代の財政』一四九頁）。

目賀田の赴任当時、韓国では、政府が発行した各種硬貨（小額銅貨）を主体に、各地方で日本や清、ロシアの通貨など外国貨幣が流通していた。
財政面では予算規律が未確立で、各官庁による恣意《しい》的な支出・徴税が行われていた。中央・地方官吏が私的に税を流用することも多かった。また、帝室（皇室）と政府の予算は未分離であった。

目賀田はまず、貨幣流通の問題を改善するために、いわゆる貨幣整理事業を推進した。同事業は、一八九〇年代に朝鮮（韓国）政府が乱発した白銅貨の回収、日本の硬貨と同じ硬貨の発行、第一銀行券の無制限通用の公認を柱とした。第一銀行は、明治初期から朝鮮半島に進出し、銀行券も発行していた。貨幣整理事業では、第一銀行は政府と委託契約を結んで事務一切を執行し、実質的に韓国の中央銀行の役割を果たした（一九〇九年、新たに設立された韓国銀行―併合後に朝鮮銀行と改称―がその業務を継承する）。

貨幣整理事業の結果、韓国の幣制は日本の幣制に組み入れられた。

目賀田は同時に、財政制度・諸機関の改革を実施し、歳出の厳格な管理、地方税務の監督強化を図った。

さらに、土地調査事業の準備を進めた。この事業は、最重要税源であった地税の徴収を適正に行うために不可欠であった。その必要性は韓国政府も認識し、一八九〇年代末から企図したが、実現に至っていなかった。

準備作業として、関連規則の制定、担当部局の設置にくわえ、日本人技師による土地測量技術の講習も始められた。

統監府時代の財政——日本の資金による韓国経営

すでに述べたように、韓国併合前の一九〇六年、日本政府は統監府を設置し統監政治を開始した。その当時、韓国政府には、帝室債務と呼ばれる多額の債務（約二四〇万円）があった。これは前皇帝、高宗の退位以前に発生した帝室関係の国内債務で、物品費・工事費・給与の未払い金を含んでいた。その整理は大きな問題であったが、統監府の方針にしたがい、韓国政府は多数の債権者の支払い要求を拒絶し、一九〇九年、債務の大部分を切り捨てた。

他方、一九〇四年以前、韓国政府には返済すべき対外債務はほとんどなかった。対外資金の導入は一九〇五年に始まる。政府はまず、貨幣整理の経費充塡《じゅうてん》のために、総額三〇〇万円の借入契約を第一銀行と結んだ。つづいて、旧債（国内債務）返済を目的として東京で国債を発行し（二〇〇万円、第一銀行引受け、三年据置き後、二年間で返済予定）、さらに公的金融機関の創設に必要な資金、一五〇万円を日本政府から借入れた。

その後も、土木工事、教育、官業、金融機関整備などの資金を得るために、日本（一部英仏）から借款が行われた。その結果、併合時までに韓国の対外債務はおよそ四六〇〇万円に増大していた。

こうした借款は韓国政府の財政のなかでどのような位置を占めたのだろうか。これを、一九〇八年、〇九年について観察する（表1－4）。

一九〇八年、歳入総額はおよそ二二〇〇万円、うち借入金・公債は八九〇万円（総額の四〇％）、〇九年は、歳入総額二八〇〇万円、借入金・公債一二〇〇万円（同、四二％）である。借入金・公債の大部分は対日借款であったから、韓国政府の財政は当時、日本の資金に大きく依存していた。

租税収入のなかでは、地税が最大の割合を占める。地税は農地に賦課される伝統的な税で、従来、納税者は耕作者（小作地のばあいは小作人）であった。一九〇八年、韓国政府はこれを改め、原則として土地所有者とした。

徴税機構が不備であったため、地税収入は、一九〇六年には四〇〇万円（予算は五二〇万円）にすぎなかったが、機構改革の結果、急速に増加し、一九〇八－〇九年には六〇〇万円を超えた。

地税に次ぐ重要な税は関税である。その収入は、一八七六年の開港以降、貿易の発展とともに増大した（税率は従価五－一〇％）。

歳出面では、経常部・臨時部とも、内部（日本の内務省に相当）、度支部《たくしぶ》（同、大蔵省）の

表1-4　**韓国政府の歳入，1908，09年**　（千円）

	租税・官業収入その他経常収入				借入金・公債	前年度剰余金	合計
	地税	関税	その他	計			
1908	6,700	3,180	2,945	12,825	8,931	318	22,074
1909	6,337	3,007	4,532	13,876	11,991	2,599	28,466

注：年末現計額．単位以下，四捨五入．
出所：朝鮮総督府『第四次朝鮮総督府統計年報』926-927頁．

表1-5　**韓国政府の歳出，1908，09年**　（千円）

A．経常部

	皇室費	内部	度支部	軍部	法部	学部	農商工部	合計
1908	1,500	3,288	4,419	276	868	287	850	11,487
1909	1,676	3,982	6,314	148	1,366	394	924	14,804

B．臨時部

	内部	度支部	軍部	法部	学部	農商工部	合計
1908	2,747	3,582	729	60	199	328	7,645
1909	2,789	9,763	2	―	245	559	13,356

注：同前．四捨五入のため各欄の和は合計欄の数値と必ずしも一致しない．
出所：同前，928-944頁．

支出が大きい（表１－５）。詳細にみると、内部の経常支出では地方警察費、臨時支出では道路整備、水道工事などの土木費が最大であった。度支部の経常支出では国債元利支払いが突出して大きく、臨時支出では、金融機関への出資金・貸付金・補助金、庁舎建設費、税関工事費が多額にのぼった。

軍部の支出は、一九〇七年に軍隊が解散されたため、その残務処理に充当されるにすぎなかった（解散以前は多額であった）。

以上、一九〇八―〇九年、国債関係費を除くと、政府歳出の重点は治安維持、インフラ整備に置かれていた。

統監府は韓国政府とは別組織であり、その経費は日本政府（大蔵省所管）の予算から直接支出された。一九〇八年、〇九年の歳出総額はおよそ、それぞれ七一〇万円、六四〇万円で、その大半は韓国政府立替金であった（〇八年、五三〇万円、〇九年、四六五万円）。この立替金は韓国政府への貸付金（無利子、償還期限なし）で、すでに述べた同政府歳入を構成した。統監府の経費以外に、日本政府は韓国統治のために多額の行政・事業費を支出した。その主要なものは鉄道建設・改良費である。

くわえて、反日武装闘争の鎮圧に多大な軍事費を要した。

統監府経費を含む行政・事業費と軍事費の合計額（いわゆる韓国経営費）は、一九〇八年、約三一〇〇万円、〇九年、二一〇〇万円（決算額）に達した。両年の日本政府の一般会計歳出総額（決算額）はそれぞれ六・四億円、五・三億円であったから、韓国経営費はおよそ、その四―五％にのぼる。

朝鮮総督府の会計

韓国併合後、一九一〇年九月、日本政府は帝国会計の一部として、朝鮮総督府特別会計を設けた。これにともない、韓国政府と統監府の会計は消滅する。

日本政府による韓国政府立替金、総額一三二八万円および同貸付金（金融資金債）、総額一五〇万円は償還不要とされた。

総督府歳入の主要科目は租税、官業収入、補充金、公債金で、このうち、補充金は日本政府一般会計からの補助金、公債金は、総督府が発行する国債による資金である。

官業収入のなかでは鉄道収入がもっとも大きい（一九一八―二四年を除く）。ほかには、郵便・電信電話収入、専売収入（一九二一年以降）などがあった。

併合以前、韓国鉄道は日本政府が所有・経営しており、その会計は日本政府の特別会計によって処理されていた。一九一一年、政府は、その主要部分を朝鮮総督府特別会計に組み入れ、小規模の鉄道用品資金勘定のみ、別途、総督府鉄道用品資金特別会計に再編した。同年、鉄道収入は、総督府特別会計の経常歳入総額の二割超を占めた。

しかし、これは益金ではなく粗収入であった（鉄道経営に要した多大な経費は歳出側に計上された）から、その額をもって総督府財政への大きな寄与ということはできない。

以下、まず財政への寄与の観点から官業収入を除外し、歳入構造の変遷をみる。総督府の統治は、一九一九年三月の万歳騒擾事件を画期に、いわゆる武断政治から文化政治に転換した。この点から、時期を一九一〇年代と一九二〇―三六年に分けて観察する。

表1-6　総督府の歳入：租税，補充金，公債金，1911-19年

（千円）

	租税			補充金	公債金
	総額				
		地税	関税		
1911	12,441	6,648	4,062	12,350	10,000
1912	13,362	6,703	4,712	12,350	14,900
1913	13,904	6,980	4,807	10,000	11,103
1914	16,685	10,101	3,893	9,000	7,641
1915	17,494	10,051	4,416	8,000	8,945
1916	18,876	10,059	5,032	7,000	10,585
1917	22,679	10,226	7,295	5,000	12,830
1918	29,185	11,569	10,389	3,000	13,098
1919	38,519	11,178	15,546	—	14,435

注：各年度決算額．租税総額は，地税，関税その他諸税の合計（以下，同）．公債金欄の数値は事業費資金借入金を含む．

出所：大蔵省編『明治大正財政史　第一八巻』第一章附表．

歳　入――内地資金と租税〈一九一〇年代〉

一九一一年、総督府は租税収入に匹敵する額の補充金を受入れ、かつ公債発行（内地引受け）によって多額の資金を調達した（表1－6）。併合直後、総督府財政は統監府時代と同様、内地資金に支えられていたのである。

総督府の課題はまず、朝鮮財政の自立、すなわち租税収入を増やし一般会計からの補充金を削減することであった。他の外地、台湾では、帝国の統治開始一〇年内に、補充金が廃止されていた。台湾総督府が、地税、砂糖消費税、専売（阿片、樟脳《しょうのう》、煙草、塩）事業などから潤沢な収入を得たためである。朝鮮でも同様の努

力が求められた。

一九一四年、朝鮮総督府は「地税令」を改正し、地税率を引上げた。地税収入は併合後も統監府時代とほとんど同額であったが、この措置により同年、約四割増加した。

一九一八年、土地調査事業が完了する。これによって朝鮮全土にわたり、土地所有者（地税納税義務者）および地価が確定した。総督府は同年、「地税令」を全面改正し、税額を地価の一〇〇〇分の一三に定めた。この率の下では、税額は従前とほぼ同じとなる。四年前に大幅な増徴を行っていたことから、総督府は新たな増徴を避けるために、従前の税額から逆算して税率を決めたのである。

関税については、日本政府は韓国併合と同時に、韓国の従来の制度を一〇年間、据置くことを内外に宣言した。この結果、一九一〇年代、関税制度の基本的な枠組みが維持され、貿易の増大と並行して関税収入が増大した。

租税収入の増加に応じて、補充金は年々削減され、一九一九年、ついに全廃される。

公債は、一九一一年、帝国議会で「朝鮮事業公債法」が成立し、以後、同法にもとづいて発行された。法律の名称が示すように、この公債は、一般経費を賄ういわゆる赤字公債ではなく、一定の事業に使途を限定した事業公債である。発行限度額も定められていた。

公債発行の主目的は朝鮮の物的インフラ、とりわけ鉄道の建設・改良資金の調達であった。

〈一九二〇―三六年〉

一九一九年の万歳騒擾事件は日本政府・朝鮮総督府に大きな衝撃を与えた。政府は、併合以来の強権的統治を見直し、朝鮮人に有和的な政策を採ることにより民心の安定を得ようとした。

この政策には、出版や集会・結社の取締り緩和、朝鮮人官吏の任用範囲の拡張、さらには警察制度の改革が含まれる。朝鮮では従来、憲兵警察制度が採用され、駐箚《ちゅうさつ》憲兵が警察官と共同で普通警察業務を行っていた。政府はこれを改め、憲兵を排除した普通警察制度への転換を図った。その結果、警察官の大幅増員が必要となった。

警察など各分野の行政刷新にともなう経費は、租税収入で賄える範囲を超えた。そのため総督府は、一九二〇年以降再び、一般会計から補充金を受けることになった。

一九二〇年代、租税収入の柱は一〇年代同様、地税と関税であったが、その割合は徐々に低下する（表1-7）。地税率は一九二二年に一〇〇〇分の一七に引上げられた後、三四年の個人所得税導入（後述）にともない一〇〇〇分の一六に、翌三五年からは一〇〇〇分の一五に引下げられた。

関税は一九二〇年、据置き期間が満了した。朝鮮は帝国日本の一地域となっていたので、

表1-7　総督府の歳入：租税，補充金，公債金，1920-36年

（千円）

	租税					補充金	公債金
	総額	地税	関税	酒税	所得税		
1920	34,840	11,453	9,748	3,768	1,599	10,000	22,356
1921	36,891	11,647	13,323	5,154	832	15,000	37,220
1922	42,525	15,201	13,825	8,505	1,089	15,600	21,126
1923	34,393	15,226	7,145	7,750	954	15,017	6,595
1924	37,396	14,894	8,230	8,335	1,052	15,021	9,000
1925	38,629	15,254	9,926	8,424	827	16,569	9,000
1926	41,947	15,349	12,203	9,460	1,091	19,761	13,383
1927	43,363	15,436	9,949	11,223	1,212	15,425	18,373
1928	44,633	14,571	10,420	12,860	1,341	15,458	17,820
1929	45,988	14,820	10,717	13,230	1,200	15,423	13,748
1930	43,479	15,617	8,466	12,322	1,135	15,474	12,506
1931	40,392	15,810	7,401	11,248	763	15,474	13,214
1932	41,166	15,422	7,966	11,366	1,007	12,914	14,035
1933	47,625	15,854	11,158	13,529	1,325	12,854	25,648
1934	56,129	14,738	12,728	16,584	5,114	12,825	27,926
1935	64,802	13,768	13,266	19,590	9,202	12,826	20,923
1936	75,392	13,313	16,814	21,756	12,239	12,918	26,122

出所：同前および『朝鮮総督府統計年報』各年.

本来、内地との交易（移出・移入と呼ばれた）に関税は賦課されるべきではない。そのため、内地側は朝鮮からの移入品にたいする関税を原則として廃止した。しかし朝鮮側では、同様の措置をとると大きな歳入欠陥が生じることから、移入税を存続させた。その後、総督府は同税の漸減を図ったが、全廃は一九四〇年まで実現しなかった（移入税廃止問題の焦点は次第に財源から、〈とくに繊維〉産業保護に移る）。

地税・関税を凌《しの》ぐ重要な税源となったのは酒税である。同税収は一九一六年の税率引上げ以降、着実に伸びた。

一九一六年、内地の法人所得税規定が朝鮮に適用され、朝鮮の法人所得への課税が始まる。当時、朝鮮の会社の多くは内地人経営であった。朝鮮の内地人会社の所得にたいする課税は、内地・朝鮮間の税制の公平性を保つうえで必要な措置であった。

一九二〇年には、朝鮮独自の所得税令が制定される。この対象も法人であり、個人には課税されなかった。

一九二六年、総督府は「税制調査委員会」を設け、税制の基本方針を策定した。その主内容は、一般所得税を税体系の中核とし、各種収益税（外形標準・比例税を特徴とする）と個別消費税・関税などの間接税によってこれを補完することと、徴税機関を拡充することであった。

この方針に沿って、総督府はまず、一九二七年、営業税と資本利子税という二種類の収益税を創設する。一九三四年には、税制の抜本的改革に踏み切り、個人所得税と相続税を導入した。

総督府は同時に、同府中央に税務署と税務監督局を新設し、それまで地方庁（道府郡）が行っていた国税の賦課・徴税事務をこれら新組織に移管した。

税制・徴税機関の整備が進んだ結果、一九三五—三六年には租税収入が、補充金と公債金の合計に倍する額に達した。それでも、所得税は租税収入の二割に満たず、税制の中核をなすという目標には遠かった。

歳　出——一般歳出・治安維持費、官業費、国債費

歳出面は、一般歳出と、官業費、国債費に分け、歳入と同様、時期別にみる。

一般歳出は行政に要する通常の経費である。ここではとくに、治安維持費に注目する。政府の第一の責務は治安の維持である。総督府は異民族の地、朝鮮半島の治安を保つためにどれだけの費用を要したのか。以下、総督府が算定した警務費と法務費（一九三五年以前の名称は裁判および監獄費）の合計を治安維持費とし、その額を示す。

官業費は、官業の運営費と施設維持・新設費の合計である。

国債費は国債整理基金特別会計への繰入額で、総督府発行公債の元利払いである。

表1-8　総督府の歳出，1911-19年　（千円）

	総額	一般歳出		官業費	国債費
		総計	治安維持費		
1911	48,741	36,940	6,551	10,068	1,733
1912	52,892	39,517	6,750	10,988	2,387
1913	57,989	40,735	7,055	12,137	5,117
1914	59,412	31,528	6,715	22,683	5,201
1915	58,873	30,304	6,672	22,168	6,401
1916	59,848	30,870	6,815	23,967	5,011
1917	62,642	30,075	6,660	27,097	5,470
1918	65,141	35,877	7,453	21,590	7,674
1919	77,560	46,961	8,369	24,567	6,032

注：各年度予算額．単位以下，切捨て．
出所：朝鮮総督府編『増補　朝鮮総督府三十年史（2）』693-695頁．

〈一九一〇年代〉

一九一一年、歳出総額はおよそ四九〇〇万円、一般歳出は三七〇〇万円で総額の七七％、官業費は一〇〇〇万円、総額の二〇％であった（表1－8）。以後、歳出総額、一般歳出は年々増加し、一九一九年には歳出総額は一一年の一・六倍、一般歳出は一一年の一・三倍となった。

官業費の増加率はさらに高く、一九一七年には歳出総額の四四％に達した。その多くは鉄道の作業費（人件費・物件費）、建設・改良費であった。同年八月、総督府は鉄道運営を満鉄（南満洲鉄道）に委託した。そのため一九一八年以後、同府予算から鉄道作業費目が消え（建設・改良費目は残る）、歳出総額に占める官業費の割合が低下した。それでも、一九一九年、同割合は三〇%を占めた。

治安維持費は一九一一年、一般歳出の二〇%弱であった。以後、その割合は大きく変わらない。この時期、総督府は警察官の経費だけでなく、憲兵の普通警察業務に要する経費（朝鮮人憲兵補助員費を含む）を負担していた。一九一二年、警察官総数は五七三五名、うち、内地人二五九四名、朝鮮人三一四一名、憲兵総数は七七六九名、うち、朝鮮人憲兵補助員四四七三名で、多数の朝鮮人が警察業務に就いていた。

〈一九二〇―三六年〉

歳出総額、一般歳出は、減少した年はあるものの、長期的に増大した（表1－9）。その結果、一九三六年には歳出総額は併合初期の六倍、一般歳出は同三倍に達した。

いっそう大きく増大したのは官業費と国債費である。官業費は、一九二五年に鉄道運営の満鉄委託が終了し鉄道作業費が復活したことから、同年、急増し、一般歳出を上回った。その後、同作業費、建設・改良費の増加が続き、一九三六年、官業費は一般歳出の一・五倍、歳出総額の五四%を記録する（鉄道関係費は官業費のおよそ六五%を占めた）。

国債費は、連年の公債発行にともなって増大した。

治安維持費は、一九二〇年、警察官増員のために前年の二倍以上に膨張し、一般歳出の三

表1-9　総督府の歳出，1920-36年　（千円）

	総額	一般歳出		官業費	国債費
		総計	治安維持費		
1920	114,316	73,305	22,736	33,570	7,441
1921	162,474	84,247	29,871	68,742	9,485
1922	158,993	88,640	29,227	57,653	12,700
1923	146,007	81,969	29,219	51,241	12,797
1924	142,760	83,836	29,969	45,356	13,568
1925	178,082	77,427	27,024	86,056	14,599
1926	194,487	85,104	26,991	94,263	15,120
1927	210,910	91,935	27,799	102,158	16,817
1928	222,746	93,431	28,606	111,699	17,616
1929	246,852	104,476	29,676	122,929	19,447
1930	239,729	95,176	29,350	121,028	23,525
1931	238,923	94,178	28,079	120,038	24,707
1932	220,140	89,882	27,310	107,169	23,089
1933	232,026	95,341	27,246	112,052	24,633
1934	274,634	116,821	28,567	132,650	25,163
1935	290,267	115,258	29,869	147,982	27,027
1936	329,645	119,811	30,837	178,822	31,012

注：同前．原資料では，1936年，交通・通信費目が新設され，以後，官業費が大きく減った．ここでは，この新設費目の全額が旧官業費に属したとみなし，これを合算して官業費とした．
出所：同前および朝鮮総督府編『増補　朝鮮総督府三十年史（3）』518頁．

表1-10　**地方財政：歳入，1915-35年**　（千円）

	道		府		邑面		学校組合	学校費	計
	総額	租税	総額	租税	総額	租税			
1915	3,367	1,462	1,958	622	2,856	2,249	1,318	1,151	10,650
1920	16,702	8,628	3,749	1,676	11,917	9,553	4,354	8,144	44,866
1925	26,316	11,687	8,103	2,203	17,882	11,335	5,753	13,314	71,368
1930	36,782	18,310	12,039	2,703	21,573	13,484	6,072	15,297	91,763
1935	71,654	21,338	24,136	5,404	25,790	14,690	3,813	18,133	143,526

注：各年度決算額．単位以下，四捨五入．計は，道，府，邑面の総額と学校組合，学校費の合計．
出所：『朝鮮総督府統計年報』各年．

表1-11　**地方財政：歳出，総額と主要費目，1934年**（千円）

道		府		邑面	
勧業・授産費	19,213	教育費	5,839	事務費	12,701
土木費	17,883	土木費	3,219	土木費	1,746
教育・社会事業費	15,166	水道費	1,714	勧業費	1,725
総額	70,524	総額	20,881	総額	24,602

注：道は年度決算額，他は予算額．
出所：『朝鮮総督府統計年報　昭和十七年』378-386頁．

〇％を超えた。翌二一年にもかなり増加したが、その後は長期的にほとんど変わらない。その結果、一般歳出に占める治安維持費の割合は、一九二一年の三六％から三六年の二五％まで低下した。

地方財政

朝鮮の地方公共団体は道、府、邑《ゆう》、面からなった。道は内地の県に相当したが、平均的な県よりは大きい（全朝鮮で一三道）。府は同じく市に、邑と面は町村に相当する。府・面制は一九一四年に公式に施行され、三一年、面制が邑面制に移行した（人口の多い面を邑とした）。

これらの地方公共団体は一般公共事務を扱ったが、初等教育は例外で、そのための別団体が存在した。それが学校組合と学校費で、基本的に、前者は内地人、後者は朝鮮人子弟のための教育組織である。

学校組合は組合費、学校費は賦課金を就学者から徴収し、補助金その他の資金と合わせて学校運営にあたった。府の区域内の学校組合と学校費は一九三一年に廃止され、その事務が府の「第一部・第二部特別経済」に移管された。

一九一五年、地方の全公共団体の予算総規模は一〇〇〇万円ほどにすぎなかったが、その後、大きく増え、三五年には一億四〇〇〇万円に達する（表1－10）。歳入のなかでは当初、租税（地税付加税など）が高い割合を占めたものの、その割合は継続的に低下した。これは、国庫（総督府）補助金、借入金が増えたためである。

歳出は主として、一般事務、地域の生活・産業関連分野に向けられた（表1－11、一九三四年の例を参照）。

3 統治の進展――総督府は何をしたか

土地調査事業の意義

総督府は併合後まず、土地調査事業に取り組んだ。これは地税の厳正な査定・徴収の基礎となった。

従来、植民地収奪論の立場をとる研究者は、同事業の結果、多くの農民が土地を失ったとして、この事業をつよく批判してきた。その主張によれば、農民は、書類作成に不慣れであったり、場合によってはこの事業について知らされることがなかったため、土地所有権の申告手続きができなかった。こうした無申告地や村落共有地は国有地に編入され、その後、農村内外の有力者（旧来の朝鮮人地主層や内地人）に払い下げられた。

しかし近年の研究は、農民多数が土地を喪失したという事実はなく、この主張が誤りであることを明らかにしている（李榮薫『大韓民国の物語』七九—八五頁）。

土地調査は、私有財産制度のもとで経済成長を図ろうとすれば、どのような政府にとっても必須の事業である。総督府が多大な費用と時間をかけてこれを遂行したことは、評価しなければならない。

低い租税負担率

朝鮮の税体系は、土地調査によって定まった土地課税を核とし、関税・酒税などの間接税、諸収益税を合わせて調《ととの》えられた。所得税の整備も進んだが、それには限度があった。

一般に、低開発国では所得税中心の税制を採用することは難しい。法人所得はまだしも、個人所得を把捉する行政能力に欠けるからである。そもそも住民の多くは貧困で、所得税の負担能力が乏しい。これは朝鮮でも同様であった。

この関連で注目すべきは、租税負担率である。これは、一国の租税収入と国民所得(あるいはそれと同種の統計値)の比率で、国民がどの程度、租税を負担しているかを表す。この指標を戦前の朝鮮、台湾、内地の間で比較すると、内地がもっとも高く、次いで台湾、そして朝鮮の順となる(表1－12)。すなわち、朝鮮の租税負担率は三地域のなかでもっとも低い。

表1-12 租税負担率:朝鮮,台湾,内地

(%)

	朝鮮	台湾	内地
1911-15	3.9	9.6	13.1
1916-20	3.9	7.7	9.1
1921-25	5.0	8.4	11.2
1926-30	6.2	8.5	11.3
1931-35	7.6	9.0	10.5

注:数値は該当期間の年平均.朝鮮,台湾:(国税・地方税収入+専売益)/GDE(国内総支出),内地:同/GNE(国民総支出).

出所:Kimura, "Public Finance in Korea Under Japanese Rule," p. 295.

これは奇とするに足りない。朝鮮の一人当たり国民総生産は、内地の三－四割、台湾の六－七割にすぎなかったからだ。朝鮮の租税負担能力が低かったことは、総督府の財政担当者がよく理解していた。その言によれば、朝鮮の経済力が内地より劣るため、所得税や酒税な

ど多くの税の税率を内地より低く設定したのである（水田『総督府時代の財政』一三七―一三八頁）。

以上の結果、補充金と公債金が朝鮮財政に欠かせなかった。言い換えれば、朝鮮財政は内地依存から脱却し得なかったのである。内地側からみれば、朝鮮経営のための資金負担が継続した（政府一般会計の負担としては、補充金のほかに、朝鮮駐箚軍の経費があった）。

企業体としての総督府

総督府、地方公共団体の歳出は各分野で増加した。政府の役割の増大――安価な政府から高価な政府へ――は近代国家に共通する特徴である。総督府はこの点で、近代国家の政府と同様の発展をとげた。

財政面からみると、総督府の最重要業務は官業経営とりわけ鉄道事業であった。鉄道運営は一時期、満鉄に委託したが、その間も経営計画の策定、新旧線の建設・改良費の負担は総督府が継続した。この観点から、総督府はたんなる行政機関ではなく、大規模な企業体でもあったといえる。本章の対象期間をつうじて、総督府の鉄道の営業収支は黒字であったが、その額は借入利子額に及ばなかった（平井『日本植民地財政史研究』一五四頁）。つまり、経営は全体として赤字であった。しかし総督府は、朝鮮の統治・開発に不可欠な事業として、鉄道の経営を続けた。

治安の安定

宗主国が植民地で直面する大きな課題は治安の維持である。朝鮮の治安維持費は一九一九年の万歳騒擾事件を機に増大したが、以後、三〇年代半ばまで安定していた。これは同事件以降、類似の規模の反日運動が起きなかったことと関係する。

総督府は、武断政治の強化あるいは恐怖政治（強制収容所や広範・稠密《ちゅうみつ》な秘密警察網をともなう）ではなく、それとは逆の宥和政策への転換を通じて、反日運動をコントロールし得たといえよう。それはなぜなのか。この疑問は今までほとんど提起されてこなかったが、朝鮮史研究の興味深い論点であろう。その解明には、社会心理を含む多面的な考察が必要である。

第2章

近代産業の発展

——非農業への急速な移行

併合当時、近代産業を欠いた朝鮮経済は、日本統治下でどのように変化したのだろうか。

経済の変容を端的に示すのは産業構造の変化である。近年の推計によれば、朝鮮では一九一二年、農林水産業の生産(付加価値額)はGDP(国内総生産)の約七〇%を占めた(表2－1)。この割合が年代ごとに低下し、一九三九年には約四〇%になる。すなわち生産額でみると、三〇年足らずの間に、伝統的な第一次産業(大部分は農業)が経済全体の半分以下に縮小したのである。反面、鉱工業の割合は、同期間でおおよそ五%から二〇%へ大幅に増大した。

表2-1　産業別 GDP(当年価格)構成比 (%)

	農林水産業	鉱工業	電気・ガス・建設業	サービス業
1912	68.1	4.9	1.9	25.1
1920	61.8	7.4	2.7	28.1
1930	49.0	9.4	6.3	35.3
1939	41.1	18.6	9.1	31.3

注：当該年を中心とした3ヵ年の平均値.
出所：金洛年編『植民地期朝鮮の国民経済計算』315頁.

以下では、農業、つづいて鉱工業について、変化の様相を観察する。対象は併合から一九三〇年代後半までとし、そののち帝国崩壊に至る時期は第4章で扱う。

1　農業生産の増加——貨幣経済の進展

急増した農業生産

農林水産業の比重低下は、これらの産業が衰退したことを意味しない。相対的には縮小したが、絶対的には成長した。

一九一二―三九年間、農業生産（実質付加価値額）は年平均一・九％の率で増大した（前掲、金洛年編、四〇六頁、表I―6）。同期間、内地の農業生産の成長率は一・〇％であり、朝鮮農業の成長率は内地農業のそれを大きく上回っていた（大川他『長期経済統計1　国民所得』二二八頁、第二六表）。

一九一〇年代の朝鮮農業の成長率は、もともとの総督府統計が不正確なため、多くの仮定にもとづいて推計されている。それは、あるいは過大に評価されているかもしれない。しかし、この時期を除き、一九二〇―三九年に限定しても、成長率は年平均一・五％の高さである。このような成長は、未耕地や余剰労働力が大量に存在するばあいは別として、通常あまりみられない。

農業生産額中、最大の割合を占めたのは米である。その割合は、日本統治期をつうじ、ほぼ毎年四〇％を超えた（最高年は一九三四年で、五四％）。

米生産

米の生産量は一九一〇年代初め、一二〇〇万石前後だったが、その後増大し、三七年には二七〇〇万石を記録した。この間、作付面積の増加率は一五％に満たず、増産の主因は反収増＝土地生産性上昇であった。反収は全朝鮮平均で一九三七年には一・六石に達した。これを初期に比すれば、八〇％以上の増加である。

地域別には、とくに北朝鮮で反収増が大きい。北朝鮮では作付面積も増えたので、生産増加率が高まった。

品種改良

併合以前、一九〇六年に統監府は、漢城近くの水原に勧業模範場（のちに農事試験場となる）を設置し、米の改良品種の研究に着手した。さらに韓国各地に模範場支所と種苗場を設けた。併合後、総督府はこれらの施設で優良品種を選定し、種子の無料配布、耕作方法の指導を推進した。

当時選定された主要品種は、早神力《わせ(そう)しんりき》（熊本県原産、少肥でも多収）、穀良都《こくりょうみやこ》（山口県原産、品質良好、酒米に好適）、多摩錦（栃木県原産、品質良好、干害に強い）である。

これら優良品種の普及率は併合時にはほぼゼロだったが、急速に高まり、一九二〇年には五割を超えた。同年、優良品種米の生産量は米総生産量の六二％に達した。

総督府は、警察官まで動員して優良品種の普及を図ったといわれる。しかし、政府の指導（あるいは「強制」）だけでは、こうした急速な普及は起こり得ないであろう。当時、それを実現する強力かつ体系的な組織が朝鮮全土に確立していたわけでもない。急速な普及は、生産者の積極的な反応を考慮してはじめて説明し得る。

優良品種は在来品種に比べ、生産者により大きな収益をもたらした。収穫の多さ・安定性にくわえ、質の良さから市場で相対的に高く販売できたからである。

積極的な朝鮮人農民とその背景

朝鮮にはもともと地主―小作制が広がり、一九一〇年代、農家数の七割が自作兼小作農と純小作農、耕地面積の半分が小作地であった。田に限ると、小作地は七割に近い。
朝鮮人地主の多くは、農事に無関心な不在（村外に住む）地主だったといわれる。一方、併合以前から、内地人が農業経営に進出していた。彼らは耕地を買収し、小作人を使ってとくに米作経営を行った。そのなかには、南朝鮮の米作地帯に数百から数千町歩の田を所有する個人や会社も存在した。一九〇八年に設立された国策会社、東拓（東洋拓殖株式会社）は、この種のもっとも大規模な会社である。

こうした内地人地主が率先して優良品種を採用したのは当然である。彼らの主目的は、小作料として徴収した米を内地向けに販売し、高収益を得ることだったからである。

しかし一九二〇年頃でも、内地人地主の所有田は、全朝鮮の田面積のせいぜい一割にすぎない。この事実から、優良品種の普及は朝鮮人所有田でも広く起こったと考えねばならない。急速な米増産の背景には、貨幣経済の進展があった。内地からの工業製品の流入、租税その他さまざまな公費負担、金肥（販売肥料）の増大などは、農村住民に貨幣獲得へのつよい誘因を与えた。

米は朝鮮で、他に比肩するもののないほど重要な換金作物（キャッシュ・クロップ）であった。貨幣を得るために、有利とわかれば、朝鮮人農業者が自発的に在来品種から優良品種に切り替えたことは何ら奇異ではない。その主体が地主であったのか、小作人であったのかは、場合によって異なったであろう。しかし、いずれにせよ、朝鮮人が新たな市場機会に反応したことは確かである。

市場機会への反応は朝鮮に限ったことではない。同様の現象は、一九世紀から二〇世紀にかけてアジア、アフリカで広くみられた。ビルマ（ミャンマー）、タイ、インドシナなど東南アジアでは、輸出市場の拡張に応じて、米生産が急増した。それは、いわゆる小農（peasants）が貨幣収入を求めて、自給のための伝統的な米作から、商業用の米作に経営を拡大した結果である（ミント『開発途上国の経済学』三八—四三頁）。

反面、重要な相違もあった。こうした地域には広大な後背地が存在し、米の増産はこの後背地の新規耕作によって起こった。その間、反収は低下した。

反収低下の要因のひとつは、品種や耕作方法に変化がなかったこと、他は、開墾が地力・水利条件のよい土地から始まり、次第に劣悪な条件の土地へ移ったことである（ヴィッカイザーほか『モンスーン・アジアの米穀経済』二五六頁、渡辺『開発経済学研究』三七—四三頁）。

要するに朝鮮の特徴は、貨幣経済の進展が換金作物の増産を促進しただけでなく、耕作法の変化を引き起こした点にある（日本統治下台湾も同様である）。この事実から、朝鮮の農民は東南アジアの農民に比べ、市場機会にいっそう積極的、革新的に反応したと言えよう。

肥料増投と産米増殖計画

米の優良品種の研究は継続的に行われた。一九三〇年代後半、南朝鮮では銀坊主《ぎんぼうず》という名の品種がもっとも多く栽培された。これは、北陸地方から導入された多収穫種である。北朝鮮では、秋田県原産の陸羽一三二号が普及した。これは多収かつ冷害や稲熱病《いもち》につよい品種であった。冷害に悩む東北地方で、農業指導に当たっていた宮沢賢治がその普及に尽力した話はよく知られている。食味にもすぐれ、市場で高く評価された（今日のコシヒカリやササニシキの原種である）。

多くの優良品種は多肥を要求し、朝鮮での肥料消費は日本統治下で大きく増加した。自給肥料（緑肥・堆肥など）、金肥（魚肥・油粕《あぶらかす》・化学肥料）の消費がそれである。一九三〇年代にはとくに硫安（窒素肥料の一つ）の消費が増加した。後述するが、これは朝鮮に近代的な肥料工場が出現したことと密接に関係する。

とはいえ、一九三〇年代でも、朝鮮の一般農家の肥料消費量は内地の農家と比すればはるかに少なかった。

一九二〇年、総督府は「産米増殖計画」をスタートさせた。その目的は、同府によれば、朝鮮内の米需要の増加に備え、かつ農家経済の向上と帝国の食糧問題の解決に資することであった。

内容は野心的で、土地改良（灌漑改善、地目変換、開田）と農事改良によって、一五年間で九二〇万石の米増産（一九二〇年比で六割増）を目指すとしていた。

しかし事業は計画どおりには進まなかった。主たる原因は、物価上昇による工事費膨張、予定借入金の金利高、実行機関として予定した特殊会社の不成立といわれた。

総督府は計画を見直し、一九二六年、「更新計画」を新たに開始した。それは野心的な点では同様で、完了までの一四年間で八二〇万石の増産を期した。一方、内容をより精緻化した。すなわち総督府は、土地改良と肥料購入のために、多額の低利資金融資を直接斡旋《あっせん》することとした。同時に、土地改良代行機関（半官半民の朝鮮土地改良株式会社および東拓土地改良部）の設置を実現させた。

一九三〇年代に入ると、内地では、深刻な不況下で農家経済が悪化し、朝鮮米の移入にたいする反発が強まった。このことから、産米増殖計画は縮小を余儀なくされ、土地改良代行機関も解散となった。

産米増殖計画については、策定の政治的背景、意義、成果、経済的影響をめぐって多くの議論がある。ここではその詳細に立ち入らない。ただ、米生産が一九二〇／二一年―三一／三二年間、約一四〇〇万石から一八〇〇万／一九〇〇万石に増加したことのみ指摘する。

産米増殖計画は、帝国日本で最初の大規模な農業開発といわれる（東畑・大川『朝鮮米穀経済論』一二頁）。それを立案、実施したのは朝鮮総督府であった。総督府はこの面からみても、たんなる行政機関ではなかった。同計画は総督府が、米作という産業の開発を推進する一大企業体でもあったことを示している。

総督府による補完的政策

換金作物が市場で評価を得るには、品質管理がきわめて重要である。総督府はこれにも力を注いだ。元来、朝鮮の米には乾燥不良、籾《もみ》・藁屑《わらくず》・土砂といった異物や赤米《あかまい》の混入といった欠点があった。そこで内地人流通業者は、併合以前から開港地で自主的に米穀検査を行っていた。

一九一五年、総督府は「米穀検査規則」を公布し、米穀検査を各道の権限下に置いた。一九一七年には検査を道費で行うよう同規則を改正した。さらに一九三二年、穀物検査所を開設し、輸移出米検査を国営事業とした。

包装については、一九二七年、総督府は「叺《かます》検査規則」を発布し、叺（稲藁を編んで作った袋）の品質改善・統一を図った。一九三二年には標準叺の規格を定めた。

総督府は倉庫事業も推進した。米の販売は、収穫後の秋から冬にかけて集中する。この期間、市場価格は低下が避けられない。品質を維持しながら販売時期を調節するには、生産地や積み出し港に近代的な倉庫が要る。

一九三〇年、総督府は「朝鮮米穀倉庫計画」を策定し、これにもとづいて朝鮮米穀倉庫株式会社を設立した。同社の目的は港に「商業倉庫」を建設、運営することであった。生産地では、「農業倉庫」の建設・運営費の補助、入庫米の低利融資が企画された。計画のうち商業倉庫の建設は急進展し、一九三三年までにその取扱量は一六〇万石に達した。

収穫米が消費者の手に入るまでには、いずれかの段階で籾摺《もみすり》・精米という加工が必要である。これは民間業者が行い、総督府は(戦時末期まで)直接関与しなかった。この点については工業の項で言及する。

畑作食糧作物の停滞

日本統治下、主要な畑作食糧作物の大麦、粟、大豆は生産が停滞した。優良品種の普及率は低く、反収は低下傾向を示した。

総督府はこれらの作物に高い関心を寄せなかった。総督府が畑作改良計画を立てたのはようやく一九三一年になってからである。その計画でさえごく小規模で、産米増殖計画とは比較にならない。

農民にとって大豆は換金作物として有用だった。朝鮮の在来大豆は概して品質が良く、内地ではとくに豆腐、味噌、醤油の原料として好まれた。そのため市場での評価は、著名な満洲大豆を上回るほどであった。

一九一〇年代後半、朝鮮大豆の移出量は急増する(一九一四年、五〇万石、一九年、一三〇万石)。それは、第一次世界大戦の影響で大豆相場が急騰したからである。移出量は、以後も高い水準で推移し、一九三〇年代、移出対生産比は二―三割にのぼった。

大豆が換金作物であったとすれば、貨幣経済進展のなかで、その生産はなぜ増えなかったのだろうか。

じつは、大豆生産は一九二〇―三〇年代、南朝鮮では減少した反面、北朝鮮ではやや増大傾向にあった。このような地域間の消長の要因を探るのは簡単ではないが、北朝鮮では、農民が市場機会に反応して作付を増やしたと考えられる。南朝鮮では、より有利な他の換金作物の生産に転換した可能性が高い。そこには、次項で述べるように、大豆の競合作物として棉が存在したからである。

一九一〇年代以降、例外的に大きく生産を伸ばした畑作食糧作物に、ジャガイモがある。主産地は北朝鮮とくにその東部であった。ジャガイモは、他の作物に比べ、同じ面積から多くの収量を得られる。貧しい農民にとって貴重な食糧作物であった。

最後に、一九三〇年代に入ると、主として北朝鮮西部でトウモロコシ作が増加する。その一因は、のちに述べるが、トウモロコシを原料とするデンプン工場が平壌に建設され、収穫物の市場価値が高まったことである。

陸地棉の普及、蚕業の成長

朝鮮半島の棉作は、日本より早く、一四―一五世紀から夏季畑作として行われていた。日本の棉作は江戸期に盛行したが、明治期になると、安価な外国棉に押されて急速に衰退する。

日本政府は、勃興する綿工業用の原棉を支配領域内で少しでも確保するべく、方策を講じた。一九〇五年、東京で棉花栽培協会が設立される。同協会は韓国内に陸地棉（upland cotton）の採種園と繰綿工場を設けた。陸地棉は南米原産種を米国で改良したもので、当時、世界の栽培棉花の大部分を占めていた。その紡績価値は韓国の在来種、いわゆる在来棉より高かった。

併合後、一九一一年、総督府は「第一期棉作奨励六年計画」を開始した。それは南朝鮮に、在来棉に代えて陸地棉を広めることを主眼とした。この計画は一年延長されて一九一八年に完了する。完了時の陸地棉作付面積は、予定の一〇万町歩に近い九万四〇〇〇町歩にのぼった。他方、この間、在来棉の作付面積は六万町歩から三万六〇〇〇町歩に減少した。

一九一九年からは、「第二期棉作拡張一〇年計画」が始まる。計画の骨子は、新規開墾・作付転換による棉作拡張、栽培法の改良による反収増で、南朝鮮では陸地棉、北朝鮮西部では在来棉の増産を目指した。その結果、計画最終年の一九二八年には、陸地棉、在来棉の作付面積はそれぞれ、一四万町歩、七万町歩に増加する。

しかし計画期間中、棉花価格が下落傾向に陥ったことから、所期の目標を達成するには至らなかった。計画終了後も同傾向が続いたため、総督府は棉作拡張を断念し、もっぱら反収増によって増産を実現する方針に転換した。

満洲事変以後、帝国日本にとって原棉の安定的確保の重要性がいっそう高まった。総督府は、新たな棉花増産計画を立て、作付と反収の増加を図った。一九三〇年代、反収は必ずしも十分に上昇しなかったが、陸地棉の作付は、とくに北朝鮮西部で拡大した。

こうして日本統治下、朝鮮の棉作は発展し、一九三〇年代末の棉花生産量は一〇年代初期の六倍を超えた。

陸地棉の普及要因は、政策だけではない。経済要因も重要であった。反当たり粗収入は、陸地棉のほうが在来棉より高かった。例外年を除き、競合作物の大豆よりも高かった。農民は長期的に、より多くの収益が見込めたからこそ、在来棉や大豆から陸地棉に転換したのである。

朝鮮の農産統計を観察すると、一九一〇年代に作付面積・生産量が大きく伸びた品目が多い。事実そうであったのか、それとも初期、調査に漏れがあったため見かけ上増加しただけなのかは、判断が難しい。これら品目のなかで生産額が比較的大きいものに、大根や白菜があった。両作物は一九二〇年以降、生産量が停滞した。

日本統治期をつうじ、確実に大きく成長したのは蚕業である。総督府は併合後、蚕業を奨励し、優良蚕種の普及、桑樹《そうじゅ》栽培・養蚕の技術進歩を図った。一九二五年には「産繭《さんけん》百万石増収計画」（一五年計画）を策定した。一連の政策の下、養蚕戸数、桑田面積、産繭高が顕著に増加した。農家は、現金収入を得る貴重な副業として、養蚕に従事したのである。

2　鉱工業の高成長——未開発からの勃興

成長率と総督府の政策

一九一一—四〇年間、鉱工業は高率で成長した。成長率は、実質付加価値額でみると、年平均、鉱業は約一二%、工業は九%である。時期別には、一九三〇年代の成長率がとくに高く、それぞれ年率二〇%、一〇%近くに達した。

従来、総督府は、工業分野で、一九一〇年代は抑圧策、二〇年代は消極策、三〇年代は積極策をとったといわれる。たしかに、一九一〇—二〇年代、工業にたいする総督府の関心は、農業に比べて小さかった。

しかし、一九一〇年代が抑圧の時代であったとはいえない。多くの著作は、抑圧策の主要な根拠として「会社令」を挙げる。これは一九一〇年に公布された総督府の制令で、会社設立を許可制とするものであった。

抑圧論者によれば、その目的は、朝鮮における商工業の発達とくに「朝鮮人資本」の成長を妨げることにあった。そしてこれにより、朝鮮人の会社設立申請の多くが却下されたという。だが、この主張はデータを誤読した結果にすぎない。実際には、朝鮮人の会社設立申請の許可率は高かったのである。

朝鮮特有の籾摺・精米工場

中小工業は、通常、会社形態をとらず、個人経営によって興る。朝鮮のこの分野でまず発達したのは籾摺・精米工業である。

朝鮮では旧来、米作農は籾摺を行わず、米を籾のまま籾摺業者に販売するか、または籾からただちに精白した半白米(「韓白」と呼ばれた)を販売した。籾摺業者は籾摺を行った後、玄米を精米業者に販売するか、あるいは自ら精米を行った。

朝鮮の籾摺・精米工業は併合以前、米の集散地や開港地に日本人が小規模の工場を建てたことから始まった。籾は輸送費用が嵩《かさ》み、半白米は乾燥度が低く腐敗しやすかった。このため、輸出前の籾摺さらには精米という加工が重要となり、日本人米商が自らこれを行うようになったのである。

日本人に倣い、朝鮮人もこの分野に参入した。一九一二年、籾摺・精米工場(従業員一〇人以上使用または原動機を有する)数は朝鮮全体で、内地人経営によるもの、六七、朝鮮人経営によるもの、二三であった。一工場当たり従業員数は、それぞれ、三〇人、一一人で、概して小規模であったが、内地人工場のなかには二〇〇人を超えるものも存在した。

内地では通常、手持ちの器具で農家が自ら籾摺を行い、玄米を小売業者に卸した。小売業者は玄米を精白し、消費者に販売した。この点で内地と朝鮮は異なる。籾摺・精米を工場で行ったことは朝鮮の特徴で、これは、費用低減、品質均一化に貢献し、朝鮮米の市場評価を高めた。他方、生産農家は籾摺工程を業者に委ねた結果、その分、収穫米を安価に販売せざるを得なかった。

籾摺・精米工業は米の生産・移出増とともに発展し、一九三二年、五人以上の職工を使用する工場は合計一一五六工場、うち内地人経営が三七三、朝鮮人経営は七八三にのぼった。朝鮮人工場は平均規模の点では内地人工場より小さかったが、総数では上回ったのである。

内地人工場のなかには、年間一〇〇万石の精米能力をもつ大工場も現れた。最大手の業者は朝鮮精米株式会社で、その経営者、加藤平太郎（山口県出身、一八八一年生）は朝鮮の精米王と呼ばれた（加藤は、一九六〇年代にわが国で油症事件を引き起こしたカネミ倉庫の創業者でもある）。

一九三五年、籾摺・精米工場で働く従業員総数は三万人を超えた。

大規模な石炭開発

〈無煙炭〉

一九〇七年、統監府は平壌の無煙炭開発を目的に、平壌鉱業所を設置した。併合後、総督府は同鉱業所を継承し、採炭設備を拡張した。平壌無煙炭の大半は粉炭《ふんたん》（粉状の石炭）であったため、採掘炭は大部分、徳山の海軍煉炭《れんたん》製造所に送られ、そこで煉炭に加工された。

一九二二年、平壌鉱業所は総督府から海軍に移管された。これは、平壌無煙炭を重視する海軍の求めによるものであった。移管にともない、海軍は平壌鉱業所を海軍燃料廠《しょう》平壌鉱業部と改称する。海軍は一九二〇年代に、徳山から煉炭製造設備を移設し、平壌鉱業部の煉炭生産能力を増強した。

一九二八年、平壌鉱業部の採炭量は一四万トンに達し、朝鮮の全炭鉱中、最大を記録する。同年の煉炭生産量は四・五万トンで、朝鮮の煉炭総生産の半分近くを占めた。この時期には、煉炭はほぼすべて、家庭・鉄道汽缶《きかん》（ボイラー）用として朝鮮内で消費されるようになった。

一九三六年、官制改正により、平壌鉱業部は海軍燃料廠鉱業部となる。

当時、平壌無煙炭の総埋蔵量は五億トンとも六億トンともいわれ、事実上、無尽蔵と評された。古都と石炭生産は意外な組み合わせにみえるが、平壌は実際、炭田に浮かぶ都、「炭都」の異名をとっていたのである。

民間企業としては、一九二七年、朝鮮無煙炭株式会社が設立された。その大口出資者は三菱製鉄である。同社は設立以来、総督府と密に連携し、平壌および近隣の無煙炭採掘と煉炭製造に当たった。

北朝鮮北西部、平安北道では、朝鮮内屈指の優良無煙炭鉱といわれる龍登《りゅうとう》鉱業所を、片倉製糸紡績系の企業、片倉殖産が拓いた。それは蚕室暖房用に無煙炭が適したからである。無煙炭はこのように、朝鮮の蚕業の発展にも寄与したのである。一九三五年、龍登鉱業所の採炭量は約六万トンにのぼった。

無煙炭は南朝鮮でも産した。なかでも東部（江原道南部《こうげん》）の三陟《さんちょく》炭鉱と寧越《ねいえつ》炭鉱は有力炭鉱として知られた。前者は日電興業（内地の電力会社）の子会社、三陟開発（一九三六年設立）、後者は東拓系の朝鮮電力が経営した。三陟炭鉱は埋蔵量数億トンといわれるほど大規模で、かつ朝鮮で唯一、粉炭ではない無煙塊炭を産出した。そのため産炭は、カーバイドや鋳物の製造に重用された。

〈有煙炭〉

朝鮮の有煙炭は大部分、品位（炭化度）の低い褐炭《かったん》で、北海道炭、九州炭のような良質の瀝青炭《れきせいたん》（コークス炭）は少なかった。産炭の多くは鉄道用だったが、一部は家庭用にも販売された。これらは内地の石炭に比べて化学物質含有量が多く、水素との反応性が高かった。

そのため、一九三〇年代には人造石油（石炭を砕いて水素を添加し、液化した燃料）に適した原料として注目を集めることになる。

産地はほぼ北朝鮮に限られた。その開発は、明治鉱業、朝鮮有煙炭株式会社などの有力企業と個人企業が推進した。

明治鉱業は、併合前後に朝鮮の炭鉱と金山の開発に乗り出した。炭鉱は一九一二年、北朝鮮南西部、平安南道の安州で鉱業権を取得し開坑に着手した（推定埋蔵量、五〇〇〇万トン）。安州炭鉱では、朝鮮の他の炭鉱に先駆けて、一九二八年にドイツ・ジーメンス製の電気削岩機や電気排水機を導入するなど機械化を進め、家庭用、鉄道用に褐炭を出炭した。

明治鉱業の他の有力炭鉱は、同じく南西部（黄海道）の沙里院炭鉱で、一九一四年に鉱業権を取得し、三一年に開坑した。同炭鉱の産炭は瀝青炭に近く、火付け良好、火力強力、煤《ばい》煙《えん》僅少で、暖炉やボイラーに適していた。

朝鮮有煙炭株式会社は一九三九年、石炭増産を図る総督府の斡旋により、中小の有煙炭鉱を糾合して発足した（資本金一五〇〇万円）。設立者は北鮮炭鉱、東拓、東拓鉱業、麻生鉱産の四社で、それぞれが所有鉱区を現物出資した。その中心は北東部（咸鏡北道）の古乾原炭鉱であった。同炭鉱は、沙里院炭鉱、遊仙炭鉱（後述）などと並ぶ朝鮮の主要有煙炭鉱で、一九三五年には従業員三〇〇〇人を雇用し、三万トンの褐炭を産出した。炭質は優良で、発熱量が六〇〇〇—七〇〇〇カロリー（一グラム当たり）と高く、灰分、硫黄分が少なかったことから、鉄道用、家庭用に好評を博した。

個人企業では、岩村鉱業が有力であった。これは朝鮮在住の岩村長市（熊本県出身、一八八一—一九四八）が興した。一九三八年には山一証券が四〇％出資し、株式会社となった（資本金一〇〇〇万円）。岩村鉱業は北朝鮮で、遊仙炭鉱（咸鏡北道）を含むいくつかの炭鉱を経営した。遊仙炭は質・量ともに朝鮮屈指で、家庭用、鉄道（特急列車汽缶）用に販売された。

初期からの鉄山開発、製鉄所設置

朝鮮の鉄山開発は早くも一九一〇年代に始まり、これを基礎にいくつかの製鉄所が建設された。

三菱合資会社は併合直後、北朝鮮南西部、平安南道兼二浦《けんじほ》（大同江畔《だいどうこう》）の鉄山を買収した。その後、近隣の鉄山と同道の無煙炭鉱の買収を続け、製鉄所建設を計画した。

この過程で指導力を発揮したのが、初代朝鮮総督の寺内正毅（陸軍大将）である。寺内は、総督府鉱山局を通じて三菱の鉱山調査に協力する一方、兼二浦の広大な陸軍所有地の払下げを斡旋した。また、総督府所有の鉄道用地四〇万坪の貸与、建設諸資材の輸移入税の免除といった便宜を供与している。

兼二浦製鉄所の建設工事は一九一四年に始まったが、第一次世界大戦の影響で大幅に遅延した。一九一八年、ようやく工事が完成し、年産五万トンの熔鉱炉二基の火入れを行った。三菱はこの前年、資本金三〇〇〇万円で三菱製鉄を設立し（本社東京）、兼二浦製鉄所の経営をこの会社に委ねている。

兼二浦製鉄所は、当時最新式の副産物回収炉など近代的設備を導入した。一九一九年には、三菱長崎および神戸造船所製の平炉と圧延設備を加え、銑鋼《せんこう》一貫生産体制を整えた。鋼材生産の目的はもっぱら、海軍艦艇用の厚板と大形形鋼《かたこう》を三菱の造船所に供給することであった。一九二一年には、海軍艦艇用高張力鋼板の製造を開始する。こうして同年には、銑鉄八・三万トン、鋼五・一万トン、鋼材三万トンの生産実績を上げた。

その後、不況と海軍軍縮の影響で鉄鋼相場が大幅に下落したことから、会社は一九三三年まで製鋼部門の操業を休止する。しかしその間も、銑鉄部門では生産能力を増強した。一九三一年の銑鉄生産量は一五万トンで、これは内地の釜石製鉄所より多い（帝国最大の製鉄所、八幡製鉄所と比較すると、二〇％強）。

一九三四年、三菱製鉄も加わった製鉄大合同の結果、日本製鉄が成立し、兼二浦製鉄所は日本製鉄に移管される。

日本製鉄発足直後、傘下の各製鉄所で施設の拡充計画が立てられ、兼二浦でも熔鉱炉の改造（第一熔鉱炉の撤去、一二万トン熔鉱炉の新設）やコークス炉、副産物工場の建設が進められた。一九三四―三五年には、第二、三号平炉が稼動を開始した。

北朝鮮東部では一九一〇年代半ばから、利原《りげん》鉄山の開発が行われた。その目的は、八幡製鉄所に原料鉱を供給することであった。利原鉄山の鉱石は鉄分平均含有量五〇―五五％と比較的優良で、推定埋蔵量数千万トンといわれた。一九二七年の計画採鉱量は八万トンである。

利原鉄山には、高炉で処理できない粉鉱が大量に存在した。その有効利用のために、一九三五年、日本高周波重工業が設立される。同社は利原近くの城津に工場を建設し、独自の電炉技術で粉鉱から鉄鋼、とくに特殊鋼材を製造した。

朝鮮のみならず、全東アジアでも最大級の鉄山といわれたのが茂山《もさん》鉄山（推定埋蔵量一五億トン）である。茂山は北朝鮮北東部の奥地に位置し、開発が容易でなかった。そのため、ようやく一九三〇年代後半になって、本格的な開発が始まる。第4章で詳述するが、一九三九年、日本製鉄が清津製鉄所の建設を開始した。これは、茂山の鉱石を利用する製鉄所であった。

大型の非鉄金属製錬所

統監府の時代、久原《くはら》鉱業が韓国で地質調査を始めた。同社は、戦前日本の代表的鉱山会社、日本鉱業の前身で、現在のＪＸＴＧホールディングスにつながる企業である。

一九一五年以降、久原鉱業は北朝鮮で金・銀・銅・鉛・亜鉛鉱山の開発を積極的に進めた。一方、同社は金銀銅鉱の処理を行う製錬所の建設を計画した。場所は海上輸送に利便な鎮《ちん》南浦《なんぽ》（平壌近郊）で、一九一五年五月に起工、一〇月には操業を開始した。当初の粗銅産出量は月間二一六トン、従業員数は一四〇〇名である。

製錬所はその後、設備を拡張し、一九三六年には、世界一を誇る六〇〇フィート（一八三メートル）の大煙突が完成する。内地では、足尾や別子で、製錬所の排煙により深刻な森林破壊・農業被害が生じていた。こうした被害を避けるため、大煙突を設置したのである。

忘れられた兵器工場

日本統治期、朝鮮の平壌に兵器工場が存在したことは、戦後、一般にはもちろん、朝鮮近現代史の研究者にもほとんど知られていなかった。これは、同工場が陸軍直轄であったために、通常目につく資料、とくに朝鮮総督府の刊行物に記述がなかったからである。総督府の『施政年報』はこの工場について一切触れていないし、総督府発表の工業統計はその生産額を含んでいない。

しかし、平壌兵器製造所は秘密工場であったわけではない。所在地は平壌の中心部近くで、戦前平壌の在住者には馴染《なじ》みの存在だった。

この工場は一九一七年に東京砲兵工廠所属の朝鮮兵器製造所として創設され、以後、二度の変遷を経て、三六年には陸軍造兵廠小倉工廠所属の平壌兵器製造所となった。

主要製品は、砲用弾丸、航空機弾、車両、革具、麻製兵器、器具材料であった。

職工数は一九二三年、二〇〇人ほどだったが、以後増加し、三六年には約四五〇人となっている。一九三六年、内地の各造兵廠が数千人規模（大阪は八〇〇〇人超）であったのと比較すれば、平壌兵器製造所は非常に小さい。また、内地の一般工場を基準としても、平凡な中規模工場にすぎない。しかし当時の朝鮮をみると、大工場のひとつに数えられる。

小野田セメントの進出

併合直後、日本の主要セメントメーカー、小野田セメントが朝鮮進出を計画した。それは、朝鮮における鉄道・道路・港湾建設その他に必要なセメントの需要増大を見込んだからである。原料の石灰石は朝鮮各地、とくに北朝鮮に無尽蔵に存在した。

小野田の工場は一九一九年、平壌郊外に完成した。設備は当時としては最新式で、年産能力は三・四万トンであった。その後、小野田は平壌工場を拡張する一方、北朝鮮東部に新工場を建設する（元山《げんざん》工場、一九二八年、古茂山《こもさん》工場、一九三六年）。

一九二〇年代後半、平壌・元山工場のセメント供給能力は、朝鮮の全セメント需要を超過した。そのため小野田はこれら工場の生産制限を行うと同時に、内地、満洲での製品販売に力を注いだ。

宇部セメント、浅野セメントは、ライバル会社小野田のこうした経営戦略に対抗し、一九三〇年代後半、朝鮮に大型工場を設置した（ともに北朝鮮西部、それぞれ一九三六年、三七年）。

製糸業と綿紡織工業の発展

片倉製糸紡績（一九二〇年成立）の前身、片倉組は日清戦争後から朝鮮への進出を企て、朝鮮の養蚕・製糸業の調査を始めた。併合後は北朝鮮の数ヵ所に林業部を設置する一方、一九一三年には南朝鮮の大邱《たいきゅう》に繭買入所を開設した。一九一八年には同地に製糸工場を建設する。

一九一九年、信州の製糸業者、山十組《やまじゅうぐみ》が同じく大邱に工場を設置した。同年、三井物産出身の山本条太郎（のちに満鉄総裁を務める）が信州の尾沢組らとともに朝鮮生糸株式会社を創立し、やはり大邱に工場を設置した。こうして大邱は朝鮮の器械製糸業の中心地となる。

片倉はさらに、一九二七—二八年、京城、咸興《かんこう》（北朝鮮東部）、全州《ぜんしゅう》（南朝鮮西部）に工場を設けた（京城工場は既存の小工場を買収、拡張）。同じ頃、郡是《ぐんぜ》製糸、東洋製糸、全北製糸

（後二者は三井物産系）も朝鮮に工場を建てている。

朝鮮人による製糸会社の設立、工場建設も進行した。朝鮮製糸、忠南製糸が代表的な朝鮮人会社で、前者は旧韓国（朝鮮）貴族が一九一九年に創立、工場所在地は京城、後者は二六年創立、工場所在地は南朝鮮中部である。

他に各地に、内地人、朝鮮人経営による多数の小規模工場が出現した。一九三四年末、全朝鮮の器械製糸工場（職工五人以上使用）数は八四に及んだ。その四割、三四工場が朝鮮人経営で、内、一九工場が大邱にあった。

綿紡織工業に目を転じると、一九一七年、三池紡績の創設に係った野田卯太郎《のだうたろう》、三井物産出身の馬越恭平《まごしきょうへい》・山本条太郎らが、朝鮮紡織株式会社を設立する。同社の進出先は釜山で、一九二二年、同地に大型の綿紡織工場を建設した。

一九一九年、南朝鮮西部の巨大地主であった金一族が京城紡織株式会社を創立した。同社は、京城織紐《おりひも》会社（一九一〇年創立）の小工場を買収し、これを経営した。同工場はその後めざましい発展をとげた。京城紡織は朝鮮各地に繰綿工場、染色工場も設置し、代表的朝鮮人企業に成長する。この成長は、総督府が設立した半官半民の金融機関、朝鮮殖産銀行の大きな金融支援によって可能となった（エッカート『日本帝国の申し子』一二三—一四〇頁）。

一九三〇年代、内地の主要綿紡織会社、東洋紡、鐘紡《かねぼう》が朝鮮に工場進出した。

このほか、朝鮮人の中小綿織業として、平壌で編靴下（メリヤス）工業が発達した。同工業は一九〇六年、平壌在住の一朝鮮人が日本から機械を導入して始めたといわれる。一九二〇年代には大きく発展し、三四年までに、平壌の綿靴下製造工場数は三三にのぼった。そのほぼすべては職工五〇人未満の小工場だったが、三工場は一〇〇人から二〇〇人を使用する規模に成長していた。

王子製紙が中心となったパルプ・製紙工業

朝鮮では王子製紙が中心となり、パルプ・製紙工業が興った。

鴨緑江沿岸に針葉樹林が豊富だったことから、王子製紙は早くから朝鮮進出を計画していた。同社は一九一七年、子会社の朝鮮製紙を設立、翌一八年、北朝鮮北西部、満洲との境の新義州に工場を建設する。そこでは、原木から亜硫酸パルプとグラウンド・パルプ（砕木パルプ）を製造し、内地の同社製紙工場に供給した。

総督府は朝鮮製紙を支援し、鴨緑江流域で立木処分する国有林材を同社に優先的に販売した。新義州工場は敷地面積二一万坪、パルプ年産能力一万トンで、当時朝鮮でも屈指の大工場となる。

その後、第一次世界大戦後の経営悪化の時期を経て、一九二五年、新義州工場はいっそう規模を拡張し、ロール紙製造に進出した。

王子製紙はさらに、北朝鮮東部、咸鏡道の原生林の利用を図った。一九三五年には、子会社、北鮮製紙化学工業を設立し、北朝鮮東部の吉州に工場を建設した。これはカラマツを原料とする世界初の人絹パルプ（化学繊維の中間原料）工場である。

吉州工場のパルプ年産能力は二・五万トンで、内地の競合工場を凌いだ。一九三七年、帝国日本内での吉州工場の人絹用パルプ生産シェアは三六％に達した。当時人絹織物は日本の主要輸出品のひとつであり、吉州工場はその中間原料工場として貴重な役割を果たしていたのである。

野口遵による大規模電源開発と化学工業

併合後、総督府は水力電源の調査を積極的に進めた。一九一一－一四年に第一次、二二－二九年に第二次、三六年からは第三次の調査を行い、そのたびに開発可能な電源量が増大した。その大部分は北朝鮮の鴨緑江・豆満江の本・支流に存在した。

一九二六年、野口遵《したがう》（一八七三－一九四四）が資本金二〇〇〇万円で朝鮮水力発電株式会社を設立し、鴨緑江の支流、赴戦江の開発に着手した。野口はもともと東京帝国大学電気工学科出身の技術者だったが、一九〇八年に化学肥料製造会社、日本窒素肥料（以下、日窒）

を興し、経営者に転じていた。

赴戦江は蓋馬《かいま》高原を北上し、鴨緑江本流に合流する。野口は、その流れを変える流域変更方式によって大規模電力を得ようとした。それはまず、途中の渓谷をダムで仕切って人工湖を造り、次に、山中に導水トンネルを掘って貯溜湖水を日本海側に落とし、その落差を利用して発電するという独創的方法であった。発電所の建設は四ヵ所を予定した。

赴戦江の電源開発は帝国内で未曽有《みぞう》の大工事をともない、資材運搬用の鉄道建設から始める必要があった。第一発電所は一九二九年にようやく完成した。

同様の方式によって、他の鴨緑江支流、長津江、虚川江《きょせんこう》でも電源開発が行われた。起工はそれぞれ一九三三年、三七年で、工事規模はともに赴戦江のそれを上回った。

野口の最終目的は、豊富・安価な電力を利用して北朝鮮で化学肥料工場を建設することであった。そのために野口は、一九二七年、資本金一〇〇〇万円で朝鮮窒素肥料株式会社を設立する（のち、四一年に親会社の日窒に合併される）。同時に北朝鮮東部の興南《こうなん》で化学肥料工場の建設を開始し、一九二九年に完工した。

興南肥料工場はアンモニア合成、電解、硫安製造、工作、触媒の各工場からなった。当初の硫安製造能力は年間四〇万トンで、日窒の内地（延岡・水俣）工場のそれをはるかに上回った。製造機器は、内地工場では、多く欧米からの輸入に頼ったが、興南では窒素分離装置を除きすべて日本のメーカー（安川電機、富士電機、芝浦製作所、神戸製鋼所、日立製作所など）に発注した。この点で興南工場の建設は、日本の機械工業の発展に大きな刺激を与えた。

硫酸製造に欠かせない硫化鉄鉱は、内地および朝鮮各地の鉱山から調達した。内地では岡山県の柵原《やなはら》鉱山を主とし、朝鮮では一九三〇年代に北東部などで採掘を進めた。野口は朝鮮の硫化鉄鉱開発のために、一九二九年、資本金一〇〇〇万円で朝鮮鉱業開発株式会社を設立する。

興南肥料工場は創設以後、継続的に拡張した。硫安のほか、硫リン安、過リン酸石灰、石灰窒素などを製造し、朝鮮のみならず内地に多量に出荷した。

世界的化学コンビナートの出現

野口は続いて、興南肥料工場から約四キロメートルの地点に本宮《ほんぐう》化学工場を建設する。同工場は一九三六年、大豆加工設備の操業を開始した。同年七月には石灰窒素分工場が完成し、以後、苛性《かせい》ソーダ（水酸化ナトリウム）、塩安《えんあん》（塩化アンモニウム）、カーバイド、石灰窒素などを大量に製造した。

苛性ソーダの製造方式は塩の水銀法電気分解で、これは延岡工場で完成した技術である。製品は、関連する他の化学工場に卸した。

塩安の製造は、塩の電気分解で得られる塩素を有効に利用する目的で始まった。塩安は肥料用に朝鮮で販売し、あるいは純度を高めて乾電池用として工業会社に販売した。塩素からは塩酸、晒粉《さらしこ》、液体塩素なども製造した。

塩をこのように合理的に利用し多数の化学製品を同時に生産する工場は、内地でも稀であった。

カーバイド原料の石灰石は、会社が所有する本宮北方の石灰石山から貨車で搬入した。不足分は小野田セメント元山工場から購入した。

本宮では当初、カーバイド製造過程で発生する多量の粉カーバイドを廃棄していた。これは大きな損失であったので、粉カーバイドの利用技術を開発し、これにもとづいてアセチレン分工場、アセチレンブラック分工場、グリコール分工場を建設した。アセチレンブラックは主に印刷インク、ゴム充塡用に販売、グリコール分工場ではアセチレンに水素を添加して合成したエチレンから、グリコールを製造した。アセチレンからはこのほかに、ブタノールやアセトンを製造した。

グリコール、ブタノール、アセトンは、溶媒、合成樹脂、医薬品などさまざまな製品の原料となる基礎化学品である。

このように、野口は次々と関連工場を設置し、興南に一大化学コンビナートを築いた。その規模は帝国日本の全工業施設のなかでも屈指であるばかりでなく、世界でも有数といわれた。

興南で野口は、港の建設、都市整備も推進した。すなわち、興南の工業開発の大きな特徴は、民間の事業家がインフラ整備と工場建設を並行して進めた点にある。

野口のさらなる事業展開

野口の事業は興南にとどまらない。彼は一九三二年、北朝鮮北東部、咸鏡北道永安に石炭乾溜《かんりゅう》工場を建設した。そこでは付近の褐炭を利用し、タールから揮発油、水性ガスからはメタノールとホルマリンを製造した。ホルマリンは火薬や石炭酸樹脂（ベークライト）の原料である。永安工場には化学工場、工作工場のほか自家火力発電所を並設した。発電所は半成コークスを燃料とし、工場だけでなく、電力会社（朝鮮電気）を通じて周辺都市にも電力を供給した。

野口はさらに、永安での技術開発を基礎に一九三五年、石炭直接液化事業を行う新会社、朝鮮石炭工業を設立する（資本金一〇〇〇万円）。同社は永安工場を経営する一方、翌三六年に北朝鮮北東端、ソ連・満洲との国境に近い阿吾地《あごち》に工場を建設した。

阿吾地の工場には、高能率ガス発生炉、日本初の二〇〇気圧・五〇〇〇馬力のガス圧縮機など、当時の最新設備が設置された。主要機器はすべて、神戸製鋼所、日立製作所、呉海軍工廠を含む日本企業が製作している。

原料炭は、会社所有の近隣炭鉱の褐炭を使用した。技術開発には、徳山の海軍燃料廠の技術者と燃料学の権威であった大島義清東京帝国大学教授が積極的に関与した。液化油製造能力は年間五万トンにも達した。

石炭を原料とする液体燃料開発の研究・事業化はすでに、独、英、米で行われていた。日本では海軍が早くからこれに関心を寄せており、一九三六年、政府は「人造石油振興計画要綱」を策定、翌年から国家液体燃料政策を実施した。この動きのなかで、野口は朝鮮で石炭液化の事業化に取り組んだのである。

野口は多数の優秀な技術者を周囲に集め、率先して先進技術の導入・開発を推進した。資金面では初期には三菱銀行、のちには日本興業銀行や朝鮮の基幹金融機関である朝鮮銀行、朝鮮殖産銀行から支援を受けた。

野口は総督府とのつながりも深く、とくに第六代総督、宇垣一成《うがきかずしげ》と親しかった。宇垣は野口の事業につよい関心を示し、その発展に助力していた。

看過されてきた機械工業

日本統治下朝鮮には機械工業が欠落していたという説は広く流布している。しかしこれは事実に反する。今まで述べてきたように、各工業とくに化学工業の発展が顕著だったため目立たなかったが、じつは機械工業も成長していたのである。

朝鮮に金属工場や化学工場を建設した日本企業の多くは、それらの工場に工作所を付設し、工場で使用する機械の製作や修理を行った。こうした工作所は独立の企業形態をとらなかったので、当時の諸統計や資料にほとんど登場しない。しかし、朝鮮工業におけるその役割は小さくなかった。

朝鮮で最大の機械工場は興南工作工場である。それは一九二八年、興南肥料工場の建設と同時に設置されている。その後、興南化学コンビナートの発展とともに拡大し、コンビナートで必要な化学機械の製作・改良・修理に当たった。とくに、独自設計の機械はほぼすべてここで製作した。工場は鋳造用の電気炉、鍛造用の大型ハンマー、各種旋盤、製缶用のプレス機を含む一連の設備を有し、作業規模は独立の工作会社に匹敵した。

総督府鉄道局も朝鮮各地にいくつかの工作工場をもっていた。最大のものは京城工場で、その起源は一九〇五年に遡る。当初は小規模な鉄道修理工場であったが、次第に設備を拡張した。一九二七年には蒸気機関車の製作を開始する。一九三九年、設置工作機械は八五四台、所属技能工は一七〇〇人（うち、内地人五九五人）にのぼった。

独立した有力機械工作会社には、朝鮮商工と龍山工作の二社がある。

朝鮮商工株式会社は一九一九年、朝鮮在住の日本人、中村精七郎（海運会社中村組社長、長崎県出身、一八七二年生）が設立した企業である。同社は、土木、油、肥料、機械、鉄工、造船、運送など多くの商工業分野に進出し、「半島の三井物産」と称された（現在の関連後継企業に、九州の総合物流会社、山九《さんきゅう》がある）。工作所の最初は一九一〇年設立の鎮南浦工場である。そこでは鉱山・製錬用機械の製作、修理を行った。

龍山工作株式会社の起源は、一九一九年に田川常次郎（島根県出身、一八八四年生）が設立した鉄工所である。鉄道局の関連工場として一九三〇年代までに大きく成長し、京城、仁川《じんせん》の工場で客車、貨車、機関車ほか諸鉄道用品を製作した。

ゴム加工業、魚油脂工業、農産加工業

一九二〇年代から、平壌に多数のゴム加工工場（製品は主にゴム靴）が興った。これらはほぼすべて朝鮮人経営で、小工場が主だったが、いくつかは職工一〇〇人以上の規模に発展した。一九三九年、平壌にはゴム加工工場が一三存在し（一工場のみ内地人経営）、そのうち二工場が職工二〇〇人超を雇用していた。

魚油脂工業は、イワシ漁業とともに発展した。

一九二三年、突然、朝鮮の東海岸にイワシの大群が回遊して来た。これを受けて内地人が機船による日本式巾着《きんちゃく》網漁法を導入し、イワシ漁が急成長した。

一九三〇年代前半、日本企業が水揚げ港近辺に近代的工場（朝鮮窒素興南油脂工場、朝鮮油脂清津工場）を設け、イワシ油（石鹼《せっけん》・食料・薬品原料用）や魚粉（肥料用）を大量に製造した。同時に、朝鮮人の小規模油脂工場が多数出現した。それらは、一九三〇年代後半には総数一〇〇〇を超えた。当時、朝鮮のイワシ油は帝国日本のイワシ油生産の四分の三を占め、内地、朝鮮の油脂工業の重要原料となった。

イワシ漁業は一九四〇年頃頂点に達し世界的規模といわれたが、以後、回遊が終わり、急速に衰えた。それとともに油脂工業も終焉《しゅうえん》に向かった。

農産加工業で注目に値するのは、一九三一年に日本コーンプロダクツ社が建設した平壌トウモロコシ加工工場である。同社は米国企業の子会社（三菱が一部出資）で、米国式の機械技術を導入し、朝鮮・満洲産のトウモロコシからデンプンやブドウ糖を製造した。デンプンは食用（米・麦との混食用）のほか工業用として重要で、顔料や火薬製造にも用途が開拓された。平壌工場の規模は大きく、東洋一のアグロ・プラントといわれた。

総合的観察——鉱産量、工場総数、重化学工業化率

併合から一九三五年までに、石炭生産は八万トンから二〇〇万トンに激増した（表2－2）。鉄鉱石生産は一四万トンから二三万トンに増大した。さらに、黒鉛（石墨《せきぼく》。防湿剤、製鉄坩堝《るつぼ》、電極用）、重晶石（化学添加剤の硫酸バリウム原鉱）、タングステン（合金用）など各種の鉱物採掘が進んだ。黒鉛では、北朝鮮北西部の平安北道江界《こうかい》が鱗《りん》状黒鉛の世界的産地として知られた。

このほか、表には示していないが、一九二〇年代には、アンチモン、雲母《うんも》といった希少鉱物の鉱区が拓かれた。

一九三〇年代には、北朝鮮東部の咸鏡南道端川《たんせん》郡でマグネサイト鉱の採掘が始まった。端川のマグネサイトは埋蔵量数億トンの高品位鉱で、世界有数といわれた。

工場総数は一九一二―三九年間、およそ三〇〇から六五〇〇に増加した（表2－3）。とりわけ朝鮮人工場の増加率が高く、一九三二年には内地人工場の数を上回る。朝鮮人工場の大半は従業員五〇人未満の零細工場だったが、比較的規模の大きな工場も現れ、一九三九年には従業員二〇〇人以上の工場が一五工場にのぼった。

内地人工場も、大多数は中小工場である。とはいえ、朝鮮人工場に比べれば平均規模は大きい。大規模工場では内地人工場の占める割合が九割に達し、朝鮮人工場を圧倒していた。

表2-2　主要鉱物生産量　（千トン）

	金銀鉱	銅鉱	亜鉛鉱	鉄鉱（銑鉄）	硫化鉱	黒鉛	石炭	重晶石	蛍石	タングステン鉱	硅砂	明礬石
1910	10.3	0.4	—	140.4 (—)	—	0.8	78.5	—	—	—	—	—
1915	8.8	0.0	8.1	259.2 (—)	—	0.5	229.1	—	—	—	—	—
1920	21.5	—	3.4	447.2 (85.2)	—	11.2	289.0	—	—	—	28.8	—
1925	17.0	1.0	3.5	351.4 (101.9)	—	14.1	622.3	—	—	—	75.9	—
1930	13.4	5.6	3.8	532.5 (151.4)	—	20.1	884.1	6.1	2.3	0.0	47.3	11.7
1935	58.1	1.6	2.2	228.2 (147.8)	55.6	45.1	1,991.2	11.0	9.7	0.9	38.7	81.5

出所：『朝鮮総督府統計年報　昭和六年』182-185頁，『同　昭和十年』149-151頁.

表2-3　工場数：規模別，民族別

工場当たり従業員（職工）数，人	1912年		1932年		1939年	
	内地人工場	朝鮮人工場	内地人工場	朝鮮人工場	内地人工場	朝鮮人工場
5-49	159 (77.9)	87 (92.6)	1,887 (92.5)	2,445 (97.7)	2,040 (80.1)	3,731 (95.2)
50-99	27 (13.2)	3 (3.2)	82 (4.0)	40 (1.6)	231 (9.1)	135 (3.4)
100-199	11 (5.4)	2 (2.1)	33 (1.6)	12 (0.5)	150 (5.9)	38 (1.0)
200-	7 (3.4)	2 (2.1)	39 (1.6)	5 (0.2)	125 (4.9)	15 (0.4)
計	204 (100)	94 (100)	2,041 (100)	2,502 (100)	2,546 (100)	3,919 (100)

注：1912年は従業員10人以上を使用する工場または原動機を使用する工場，1932，39年は５人以上の職工を使用する設備を有する工場または常時５人以上の職工を使用する工場.（　）内は総工場数に占める各規模の工場の割合（%）.
出所：梅村・溝口編『旧日本植民地経済統計』52頁.

工業が成長したのみならず、重化学（機械、金属、化学）工業の割合が飛躍的に高まった。重化学工業生産額／工業総生産額は、一九一一年、六％にすぎなかったが、二〇年、一二％、三〇年、一七％、三九年、四〇％と上昇した。

3　驚異的な発展と朝鮮人の参画

非農業主体の経済へ

日本統治下、朝鮮経済はきわめて大きな変化をとげた。その変化は、二〇世紀前半の世界で異例なほどであった。内容を一言でいえば、いわゆる非農化、すなわち農業主体から非農業主体の経済への急速な移行である。

この移行過程では同時に、農業自体に変化が生じた。総督府の政策と貨幣経済の進展が、農法の改良、作付転換を引き起こした。農業生産は全体として、継続的に増大した。

工業化の端緒は、原料の単純加工を行う中小工場の勃興である。くわえて、一九一〇年代には早くも、近代工業とくに製鉄業が興った。一九二〇年代から三〇年代には、民間企業によって、電源開発を基礎に巨大化学コンビナートが建設された。

総督府は交通・通信インフラを整備した。並行して、いくつかの部門では併合初期から産業発展を支援した。一九二〇年代後半からは、その範囲が拡大した。

比較経済史の観点からみると、工業化の進展は、欧米の植民地にはない特異なものであった。とくに、本国にも存在しない巨大水力発電所やそれに依拠する大規模工場群の建設は、日本の朝鮮統治と欧米の植民地統治の違いを際立たせる。

ここでとりわけ強調すべきは、産業発展に被統治者の朝鮮人が広く関与したことである。たしかに、産業発展の主導者は統治側の総督府・内地人（企業・個人）であった。総督府の政策と内地からの資金・技術・知識の注入は、そこで中心的な役割を果たした。しかし同時に、朝鮮人の側に、外部刺激にたいする前向きな反応、自発的な模倣・学習、さらには創発性・企業者精神が明瞭にみられた。驚異的な発展は、統治側・被統治側の双方の力が結合して起こったのである。

この見方に立つと、いわゆる植民地隷属論の欠陥が明らかとなる。隷属論はマルクス経済学をベースに展開され、従来、植民地史に関心を寄せる研究者や一般知識人に大きな影響を与えてきた。それは、宗主国と植民地の支配・被支配、搾取・被搾取関係に関心を集中する。その結果、現地住民を無力な民の群れとみなし、経済成長への彼らの積極的貢献を無視する。

今日、マルクス主義は退潮したが、情緒的な加害・被害、贖罪《しょくざい》論も加わり、隷属論の影響はなお根強い。だが、この立場からは、一九一〇年代—三〇年代の朝鮮経済の変容は到底、説明し得ない。

小さかった華人の存在

以上と関連して、もうひとつの注目すべき事実を指摘したい。それは朝鮮に華人（支那人、清国・中華民国出身者）がごく少数しか存在しなかったことである（総人口の〇・五％以下）。この点で朝鮮は、華人の存在が大きかった東南アジア植民地と異なる。

東南アジアでは、宗主国民は特定の地域とくに都市に住み、行政や対外貿易、あるいはプランテーション（大規模農園）の経営に従事していた。これにたいし華人は農園・土木労働者から、商業、運送業さらには精米業などの小規模加工業や末端の行政職に進出し、これによって宗主国民の経済活動・統治を補完する役割を果たした。

他方、在来の現地住民は、勤勉で適応力に富んだ華人に新たな経済活動の機会を占取され、農業中心の生活から脱し得なかった。

朝鮮ではこのような現象は生じなかった。華人の事業は菜園業、対中貿易といった特定の領域に限られた。もし彼らが多数存在したならば、朝鮮人が新たな事業に参入することはより困難になったであろう。経済的にも彼らの下に置かれたかもしれない。日本統治下の朝鮮を考えるうえで、華人勢力の欠落は見逃せない留意点である。

コラム①

朝鮮に渡った技術者たち

一九三九年に刊行された『朝鮮技術家名簿』は、当時朝鮮に在住した内地人・朝鮮人技術者のデータブックである。記載対象は、大学または専門学校で教育を受けたエリート技術者で、氏名のほか、出身校、専攻、勤務先が書かれている。

これによれば、技術者の総数はおよそ六七〇〇名にのぼり、うち内地人が五七〇〇名、朝鮮人が一〇〇〇名である。日本統治期、このように多数の内地人技術者が朝鮮に渡ったこと、同時に朝鮮人の技術者が育ちつつあったことは注目に値する。

内地人技術者の専攻は農学が最多で、一一〇〇名を超える。次いで、土木、林学、化学、鉱山が多い。勤務先は、官庁（中央・地方）が約二五〇〇名、一般企業が約二〇〇〇名である（他は、軍、学校、諸団体）。こうしたデータは、総督府がたんなる統治機構ではなく、農業・土木関連を中心とした開発組織でもあったことを傍証する。

一般企業の中では、内地人技術者は野口（日窒）系の企業にもっとも多く、合計二一七名である。とくに、東京帝国大学出身の応用化学技術者は野口系企業に集中している。彼らは当時の最高水準の知識を身につけており、大学で講義を担当する能力をもつほどだった。

そうした技術者の一人に宗像英二《むなかたえいじ》（一九〇八—二〇〇四）がいる。宗像は東京帝国大学工学部応用化学科で学び、大島義清教授の紹介で一九三一年、日本ベンベルグ絹糸（野口が延岡に設立した企業で、現在の旭化成の前身）に就職した。同社では人造絹糸の製造技術研究を行い、独自にアンモニア回収法を考案して特許を得ている。一九三九年には野口から朝鮮石炭工業への配属転換を命ぜられて渡鮮、阿吾地の工場に赴任する。そこでの仕事は石炭液化事業の推進であった。一九四四年、興南に移り、北朝鮮産の原料（長山粘土）から、アルミニウム原料のアルミナを抽出する技術の開発に取り組んだ。この間、京城帝国大学（一九二四年創立、朝鮮で唯一の大学）の理工学部（一九四一年設立）で化学技術の講義を行った。

宗像は敗戦を興南で迎えた。北朝鮮を占領したソ連軍は内地人技術者の帰国を認めず、工場の稼動に彼らを使役した。宗像も興南人民工場（旧興南肥料工場）の技術指導者となり、生産回復に協力した。その後、一九四六年末に海路、北朝鮮を脱出、南朝鮮を経て日本に帰還した。

帰国後、宗像は旭化成取締役に就任し、人絹工業の復興に尽力した。一九六二年からは日本原子力研究所理事（一九六八—七八年、理事長）を務めた。

第3章

「貧困化」説の検証

「まえがき」で述べたように、日本統治下朝鮮住民の貧困化、言い換えれば生活水準の低下は、常識のように語られている。だが、その主張はどれほどのデータ検証を経たものなのだろうか。

生活水準は、主観を含む複雑な概念で、単純な議論を許さない。ここでは近年の研究成果をとりいれ、この問題について考えたい。

1 小作農の増加

イコール貧困化か

低開発地域の経済成長は、ただちに一般住民の生活水準の向上につながるとはかぎらない。むしろ、短期的には低下が生じ得る。それは、農村での貨幣経済浸透に副作用がともなうからだ。

旧来、自給自足的生活を送っていた農民は、現金の支出管理に不慣れである。彼らは新たな工業製品に惹かれ、容易に支出超過に陥る。他方、市場メカニズムに無知で、収穫物の販売価格変動にたいする適応能力を欠く。こうしたことから、重債務を負って所有地を手放し、小作農に転落する者が現れる（前掲、ミント、四七―四八頁）。

朝鮮ではどうだったか。統計によると、一九一八―四〇年間、自作農・自小作農（自作兼小作農）の合計が一五〇万戸から一三〇万戸に減少し、逆に純小作農が一〇〇万戸から一六〇万戸に増加している。

多くの研究者は、これを朝鮮農民の貧困化の証拠ととらえる。しかし同データでは、純小作農の増加数（六〇万戸）は自作農・自小作農の減少数（二〇万戸）よりはるかに多い。自作農の自小作農への転落は、当時の観察者が指摘したように確かに起こったが、純小作農の増加はそれだけでは説明できない。

この間の耕作面積をみると、自作地が約一二%減少したのにたいし、小作地は二〇%近く増加した。これは、開墾による小作地の増加が大きかったことを意味する。

農民の貧困化が進行したのか否かを知るには、関連資料の幅広い検討が必要である。

2 個人消費――食糧消費量は激減したのか

一人当たり食糧消費量

従来、注目を集めた他のデータは、米の消費量である。前章で述べたように日本統治期、米の生産量が大きく増加した。しかしその多くが内地市場向けに販売されたため、朝鮮内の米の消費量が、一人当たりではかえって大きく減ったといわれる。

この現象は一九三五年に、著名な農業経済学者、東畑精一と大川一司が『朝鮮米穀経済論』で指摘した。それによれば、朝鮮の一人当たり米消費量は、一九一五―一九年間、年平均〇・七〇七一石であったが、そののち減り続け、三〇―三三年には〇・四四八六石まで落ち込んだ。東畑・大川はさらに、この減少分を補完すべき粟の鮮内消費量が同期間、ほとんど増加していないと述べ、これを（朝鮮農民の）消費生活の暗黒面と呼んだのである。

東畑・大川が算出した結果（あるいは類似の数値）は、戦後、近年に至るまで繰り返し引用され、一般にも知られている。

ところが東畑・大川は一九三九年に、原データ（総督府の統計）に問題があったとして前記の数値に変更を加え、それを追補版として公刊した。そこでは、一九三〇―三三年の一人当たり米消費量を〇・六二〇三石に上方修正し、さらに三四―三六年の値を〇・五八三九石と算定した。これによって、朝鮮の米消費量の激減という現象はなかった、しかし減少の事実は変わらないと結論づけたのである。この修正は、広くは知られていない。

追補版の数値にも問題があった。それは、一九一五―一九年の一人当たり米消費量が、人口過少評価のため、過大になっていることである。この点を考慮すると、減少率はさらに小さくなる。最近の研究では、一人当たり米消費量は以下のとおりである（単位／石）。一九一五―一九年、〇・五八九、三〇―三三年、〇・五五六、三四―三六年、〇・五一一、三六―四〇年、〇・五五五（前掲、金洛年編、五七〇頁）。このように、一人当たり米消費量は減少したとはいえ、その程度はわずかにすぎない。

同じ研究によれば、一九一〇―四〇年間、米と麦・雑穀・豆類を合計した全穀物の一人当たり消費量はやや減少傾向にあったが、これにイモ類、野菜類、肉・魚貝類などをくわえると、一人当たりカロリー消費量はほとんど減少しなかった（同前、二二二頁）。

他方、データ不足のために同研究の分析対象から外されているが、一九四一年以後、一人当たりカロリー消費量が大幅に減ったことは確実である（本書第4章）。

一人当たり消費支出

生活水準の決定要因は食物消費だけではない。衣服など個人向け工業製品、住居、交通、教育、医療などの消費も考慮せねばならない。こうした多様な消費の変化をみるには、それぞれを市場価格で評価し、個人消費額を計算する必要がある。

日本統治期、各種産業の発達、内地からの近代工業製品の流入、鉄道・道路・通信網の整備などの結果、個人消費の総額は増加した。問題は、それが人口成長率を上回ったかどうかである。

今までの研究によると、一九一〇年代から三〇年代を通じ、個人消費総額（実質）は年平均三％以上の率で増加した。人口成長率はこれ以下であったから、一人当たり消費額は増加した。

よりくわしく示すと、一九一二―三八年間、一人当たり消費額は年平均〇・九七％の成長を示した（梅村・溝口編『旧日本植民地経済統計』六一頁）。最近の研究結果はこれより高く、一・九四％である（前掲、金洛年編、二二九頁）。両者間で消費総額の成長率の違いは小さかったが、後者では人口成長率を低く見積もったことから、一人当たり成長率が高まった。この一・九四％という値は、同時期の内地、台湾の値を上回っている（前者は一・五〇％、後者は一・一一％）。

留意点――質、政府サービス、分配

こうした推計に関連し、留意すべき点がいくつかある。

第一に、生活水準には消費の量のみならず質も関係する。たとえば、前章でみたように、日本統治期、米の品種が大きく変化し、人びとにいっそう好まれる米が作られるようになった。また籾摺・精米といった調製の進歩により、消費米に含まれる混入物が減った。

その結果、かりに同量の米を食べても、満足感（経済学でいう効用）は高まったであろう。これは生活水準向上の一要因であるが、前記の数値には反映されていない。

第二は政府サービスの問題である。

総督府は各地域に初等学校を開設し、多数の朝鮮人児童（一九三〇年代末、およそ一〇〇万人）がそこに通うようになった。その経費は、父兄が負担する授業料以外、個人消費額に算入されていない。

教育内容は、社会生活に有益な実用科目を中心に組み立てられた。今日、わが国の一部に誤解があるようだが、日本統治期、朝鮮の学校で朝鮮語の使用が禁止されたわけではない。ハングル学習は長らく必須で、朝鮮語が随意（選択）科目となったのは、戦時期に入った一九三八年である。朝鮮人児童の多く、とくに王朝時代にほとんど教育機会のなかった女子は、総督府が設置した学校でハングルを修得したのである。ハングル学習を含め、実用教育は朝鮮人の満足感を高めたであろう。

しかし、総督府は国語を日本語とし、日本人への同化を教育の基本方針に置いた。それは朝鮮人の民族的尊厳を傷つけた。全体として、日本統治期の学校教育が朝鮮人の満足感をどれだけ高めたのか、当然、議論の余地がある。

同様のことは、政府による治安維持サービスにも当てはまる。これも個人消費額に算入されていないが、法律や警察による住民の保護は彼らの満足感を高める。しかしそれが異民族によるものであったらどうだろうか。物盗りや貪官汚吏《たんかんおり》からの保護は異論なく是であろうが、反日思想にもとづく社会騒擾の防止はどうか。それは当局にとっては正当な措置であるが、取締りを受ける側からみれば不当な弾圧である。その評価は各人の立場・価値観によって異なる。

他方、政府サービスのなかで、衛生・防疫事業は明らかに、生活水準の向上要因である。日本統治期、この点で大きな進歩があった。

たとえば、現代では忘れられがちであるが、古来、日本、朝鮮には天然痘が存在し、時に大流行している。その防止のために、朝鮮では、王朝末期、一八九五年に政府が国家政策として種痘を始めた。日本統治期には、総督府がその普及に努め、一九二三年、義務化する。こうして一九二〇―三〇年代、種痘を受けた朝鮮人は、毎年、数百万人にのぼった（種痘は各人に複数回行われた）。

総督府は、天然痘をはじめ赤痢、チフス、コレラといった急性伝染病だけでなく、肺ジストマ（寄生虫病）などの慢性病にたいしても対策を進めた。こうした事業への支出額もまた、前記の消費額は含んでいない。

第三は、分配の問題である。一人当たり消費額はあくまで平均値にすぎず、一般住民の消費水準を直接とらえるものではない。分配が不平等化すれば、平均値が高まっても、住民多数の消費水準は低下し得る。米消費については、序章で述べたように、そもそも初期、一般住民はほとんど米食をしていない。平均値の議論自体、大きな意味をもたないとも言える。分配の変化の検証はデータの制約上、容易でない。次節では別のアプローチによって、一般住民の生活水準の変化を検討する。

3 身長からみる生活水準の変化

身長データから生活水準を探る

人間の身長には遺伝と生育環境が大きな影響を与える。それゆえ、類似の遺伝要因をもつ個体または集団の身長を観察すれば、それぞれの生育環境の相違を推測することができる。この観点から欧米の史学界ではとくに近年、身長データを利用して生活水準の時代的変化を研究する試みが盛んに行われている。たとえば、産業革命がイギリスの労働者の生活水準を引下げたか否かといった古くからの問題に、身長の研究が新たな光を投じている。

広く認識されているように、近代日本では、経済成長、とくに戦後の高度成長にともなって子どもの生育環境が改善した結果、平均身長が大きく伸びた。戦後韓国でも、平均身長の伸びが顕著である。逆に、北朝鮮では身体矮小《わいしょう》化が進行している。これは明らかに、同国で住民の栄養状態が悪化したことを示す（金英姫『暴政による人間の退化』）。

日本統治期、朝鮮人の身長変化を示す体系的な官庁統計は存在しない。総督府は長い間、朝鮮人の健康、体力に大きな関心を払わなかった。この状況が変わったのは一九三〇年代後半である。これは、朝鮮の人的資源を戦時動員するうえで、彼らの平均的な体力を知る必要が生じたからである。

〈男子の場合〉

総督府の調査は一九三八年に行われた。その対象は、勤労青年（青年団員）および学生で、結果は地域別に記されている。それによれば、二〇歳男子朝鮮人の平均身長は表3－1のとおりである。

表を見ると、とくに中部のデータが示すように、学生は勤労青年より長身である。当時、学生は大衆から隔絶したエリートであり、その栄養状態は一般人よりはるかに良かったはずである。身長差はその結果と考えられる。

地域別には、勤労青年のなかでは北部出身者がもっとも長身である。南部出身者との違いは大きくないが、中部出身者との違いは顕著である。学生の間ではこれほどの差はない。例外は多いが、世界的には北方の住民（民族）のほうが南方の住民より長身という傾向がある。朝鮮でも、もともとこのような傾向があったのかもしれない。

この総督府調査のほか、民間によるいくつかの調査がある。それらの多くは大規模ではな

表3-1　平均身長，20歳男子，1938年

	南部	中部	北部
勤労青年	162.3 (1,953)	160.2 (944)	163.4 (931)
学生	163.8 (684)	165.2 (347)	165.2 (440)

注：（　）内は調査人数（以下，同）.
出所：朝鮮総督府学務局社会教育課「半島青年体位の現勢」『朝鮮』（第291号，1939年8月）.

表3-2　平均身長，年齢別，男子，1937，40年

調査者	三鴨正隆	調査者	田中正四他（京城帝国大学医学部生）
調査年	1937	調査年	1940
被調査者	長期受刑囚	被調査者	土幕民
年齢	身長	年齢	身長
20-29	160.58 (230)	19-29	161.22 (89)
30-39	159.84 (347)	30-39	161.47 (70)
40-49	160.58 (263)	40-49	161.25 (67)
50-59	159.59 (115)	50-59	160.10 (55)
全体	160.19 (955)	全体	161.07 (281)

出所：三鴨正隆「朝鮮人受刑者ノ生物測定学的研究」『朝鮮医学会雑誌』（第27巻第10号，1937年10月），京城帝国大学衛生調査部編『土幕民の生活・衛生』（岩波書店，1942年）.

いが、医師・医学生、人類学者などが学術目的で行ったことから、計測精度の信頼性は高い。

表3－2は、総督府調査とほぼ同時期の世代別身長の調査結果である。田中正四他（京城帝国大学医学部生）の調査は主として、中部の京畿道・忠清道出身の京城土幕民《どまくみん》（スラム住民）を対象としている。その二〇代の平均身長（一六一・二二センチメートル）は、総督府調査による中部勤労青年の平均身長より高い。しかし差は一センチメートル程度にすぎず、両者はほぼ整合的といえよう。

これら土幕民には、世代間の平均身長に大きな差はみられない。

三鴨正隆の調査対象は長期受刑囚である。調査した刑務所の所在地や受刑囚の出身地は明らかでない。しかし三鴨が京城帝国大学に属していたことから、調査地は京城で、受刑囚の出身地も主に京畿道（およびその近隣）であったと考えられる。

この想定のもとで、三鴨調査の二〇代の平均身長を総督府調査の中部勤労青年の平均身長と対比すると、両者はほぼ一致する。世代間の身長差は、三鴨調査でもほとんどみられない。その各世代の平均身長は、三〇代を除き、対応する田中他調査の平均身長に近かった。

このように田中と三鴨の調査には共通点が多い。両調査には、たとえば調査時点で二〇代の者が生育した時期（一九一〇年代後半から三〇年代にかけて）と四〇代の者が生育した時期（それ以前）の間で、身長に影響するほど大きく生育環境が変わった証拠は見出せない。

表3-3　平均身長，男子，1930年代

調査者	姫野幸生・李仁圭	荒瀬進他	荒瀬進他	上田常吉他	李炳南
調査年	1930-31	1930	1930-31	1935-36	1938
調査人数	868	505	1,023	672	831
平均身長	165.98	165.17	162.75	161.80	166.25
被調査者の年齢	18-23	20-（大部分50歳以下）	不明（おそらく20-50歳）	20-（大部分は60歳以下）	20-26
同出生地	不明	平安道，咸鏡道	平安道・咸鏡道以外の諸道	京畿道	不明
同職業その他	京城府内専門学校入学志願者	約半数は学生を含む非農業者			京城府内専門学校入学志願者

出所：姫野幸生・李仁圭「京城ノ専門学校入学志願者体格ノ統計的観察」『満鮮之医界』（第129号，1931年），荒瀬進他「朝鮮人ノ体質人類学的研究」『朝鮮医学会雑誌』（第24巻第1号，1934年），上田常吉他「京畿道朝鮮人の体質人類学的研究」『人類学雑誌』（第53巻第9号，1938年），李炳南「青少年朝鮮人体格及体能ニ関スル研究」『朝鮮医学会雑誌』（第30巻第6号，1940年）．

表3−3は一九三〇年代における他の調査結果である。

姫野幸生・李仁圭による一九三〇—三一年の調査および李炳南による一九三八年の調査は、エリートといってよい京城府内専門学校入学志願者が対象である。その平均身長は約一六六センチメートルと、抜きん出て高い。

他の三調査は、被調査者の年齢が広く分布している半面、世代別の数値が不明であるという欠点をもつ。しかしこれらも、いくつかの興味深い事実を伝える。

まず荒瀬進他による一九三〇年の調査対象は、学生を含む非農業

表3-4　平均身長，男子，併合以前

調査者	右田軍太郎・大塚陸太郎		飯島茂		Kubo
調査年	1895		1900-01		1909
調査人数	60	132	1,847	2,527	546
平均身長	162.7	162.4	163.41	163.46	161.39
被調査者の年齢	19-30	19-55	21-30	21-60	20-35
同出生地	平安道，黄海道		主に忠清北道以北		主に京畿道
同職業その他	不明（おそらく軍属）		多くは兵卒		兵卒

出所：『東京医学会雑誌』編集部「韓人体格測定表」『東京医学会雑誌』（第 9 巻第 5 号，1895年），飯島茂「朝鮮人ノ体格ニ就イテ」『中外医事新報』（第514号，1901年），Takeshi Kubo, “Beiträge zur Physischen Anthropologie der Koreaner,”『東京帝国大学医科大学紀要』（第12冊，1913年）.

者が半分を占める点で一般大衆から乖離《かいり》していた。その平均身長は一六五センチメートルを超える。

荒瀬進他による一九三〇―三一年の調査対象の職業は不明だが、三〇年調査と同様であった可能性が高い。その平均身長は、一九三〇年調査の平均身長より約二・五センチメートル低い。両者の間には調査地域の相違（前者は北部、後者は中・南部）があった。地域によるこうした身長差は、先にみた総督府調査の結果と整合的である。

上田常吉他による一九三五年―三六年調査の対象は京畿道人である。被調査者の職業は明らかでないが、その平均身長は前記土幕民全体の平均身長にきわめて近い。

一九三〇年以前の調査には三種がある（表3―4）。これらは併合以前の一八九五年から一九〇九年にかけてのものである。

三種のうち飯島茂とKuboの調査は、兵卒を対象とした点で共通している。当時の兵卒は一般大衆とくに下層に属していた。出身地域は、飯島の調査は多くが北部、Kuboのそれはもっぱら京畿道である。平均身長は、飯島の調査のほうが約二センチメートル高い。ここにも先に記したのと同じ地域差が現れている。

右田軍太郎・大塚陸太郎による調査の対象は、北部（平安道、黄海道）出身者であった。その職業などは不明である。しかし右田と大塚の肩書が（野戦）病院の軍医と記されていたことから、軍属と考えられる。少なくともエリートないし高所得者ではなかっただろう。その平均身長は飯島調査の数値に近い。

これらを一九三〇―四〇年の調査と比較すると、飯島の数値と総督府の北部勤労青年の数値はほぼ同一である。またKuboの数値と、中部勤労青年（総督府）、土幕民（田中他）、受刑囚（三鴨）の数値との間に大きな違いはない。

結局、以上のデータから判明するのは、階層間、地域間で身長に差があったこと、反面、時期、世代による明瞭な差はなかったことである。

〈女子の場合〉

女子の身長データはいっそう乏しいが、いくつか示すと、まず一九四〇年の世代別調査

表3-5　平均身長，年齢別，土幕民女子，1940年

年齢	身長
19-29	149.53（138）
30-39	148.55（131）
40-49	147.89（82）
50-59	148.54（45）
全体	148.75（396）

出所：前掲，京城帝国大学衛生調査部編.

（前掲田中正四他による土幕民調査）がある（表３－５）。

これによると二〇代がもっとも高く、三〇代、四〇代と年代が上がるにつれて低くなっている。ただし五〇代は四〇代よりやや高く、三〇代とほぼ同じであった。

これ以外の四種のデータを表３－６に記す。そのなかで、高楠栄・申雄浩の調査は一五一・六センチメートルという非常に高い身長を報告している。対象は大学病院の外来患者である。当時大学病院を訪れることができた患者は、中流以上の層に限られていた。これら患者が相対的に長身であったことは、前出の諸調査結果からみても当然であろう。

一九三〇年代の他の調査は、中部（とくに京畿道）住民を対象とする。上田常吉他の調査対象者の年齢は三五歳以上である。職業や階層は不明だが、その平均身長（一四八・六六センチメートル）は、前表、一九四〇年の三〇歳以上の土幕民平均身長（一四八・三センチメートル）と合致する。

五木田次郎・池田勝三の調査対象者は、年齢が二〇代前半、職業は京畿道出身の娼婦と女工である。これを前掲の二〇代の土幕民と比較すると、その平均身長の差は小さい。両デー

表3-6　**平均身長，女子，1909，1930年代**

調査者	Kubo	五木田次郎・池田勝三	上田常吉他	高楠栄・申雄浩
調査年	1909	1934	1935-36	1937頃
調査人数	169	370	342	500
平均身長	147.31	148.70	148.66	151.62
被調査者の年齢	18-32	18-23	35歳以上（大部分は60歳以下）	20-40
同出生地	主に京畿道	主に京畿道	京畿道	不明
同職業その他	娼婦	娼婦，紡績女工	不明	京城帝国大学病院婦人科外来患者

出所：前掲，Kubo，同，上田常吉他，五木田次郎・池田勝三「朝鮮人ノ体格ニ就テ（第二報）」『満鮮之医界』（第182号，1936年），高楠栄・申雄浩「内鮮婦人の体質に関する比較研究補遺（第一報）」『関西医事』（第10巻第36号，1938年）．

タはほぼ整合的である。

Kuboの調査は初期の貴重なものである。その対象は京畿道出身の娼婦で、女工は含まないが、五木田・池田の対象と重なる。両者間では、Kuboの測定値のほうが低い。

このようにみると、女子の場合はとくにデータが少ないため明確には言えないが、少なくとも、時期が下るにつれて身長が低下したことを示す数値は見出せない。

以上の議論は、筆者が一九九〇年代初に収集した戦前のデータにもとづく。

そののち韓国で、新たに大量に収集した戦後の年齢別身長データにより、日本統治期の身長変化が論じられた。詳細は省略するが、最近の研究では、日本統治期を通じた朝鮮人平均身長の全般的低下は確認されていない

（朱益鍾「植民地期朝鮮人の生活水準」三四〇頁）。
このように、身長データを指標とすれば、一九四〇年以前、一般朝鮮人の生活水準は大きく変化しなかった。

コラム②

米消費をめぐる韓国歴史教科書の誤謬

本論で触れた一人当たり米消費量の「激減」は日本の悪政の象徴として、韓国の歴史教科書で以前から今日まで変わらず特筆されている。

二〇〇六年の韓国高校国定『国史』教科書は、一九一二―三〇年間の米生産量、移出量、および朝鮮人（「韓国人」）の一人当たり年間米消費量を二年ごとに図示している。それによると、一二年に〇・七七二石であった同消費量は三〇年には〇・四五一石にまで減少した（邦訳、一九五頁）。

韓国教科書の国定制度はその後廃止され、検定制度に移行する。それにともない、民間数社が、異なった『韓国史』教科書を作るようになった。最新の各社教科書はいずれも、総督府の統計（農林局『朝鮮米穀要覧』一九三七年）にもとづいて、一九二〇―三〇年間、一人当たり年間米消費量が大きく減少した（〇・六三石から〇・四五石）ことを記している。
本論で述べたように、総督府の統計には欠陥があり、東畑・大川はこれを修正していた。韓国の歴史教科書は、戦前すでにデータの修正が行われ、戦後その上に日韓で研究が蓄積されているにもかかわらず、それらをまったく反映していない。

参照教科書／三橋広夫訳『韓国の高校歴史教科書―高等学校国定国史』明石書店、二〇〇六年／『高等学校　韓国史』東亜出版社、二〇一六年（二〇一三年、教育部検定）／同、ピサン教育、二〇一六年（同）／同、金星出版社、二〇一六年（同）／同、未来、二〇一六年（同）／同、志学社、二〇一七年（同）

第4章

戦時経済の急展開

――日中戦争から帝国崩壊まで

一九三七年の日中戦争（当時は北支事変、次いで支那事変と呼ばれた）勃発以降、帝国日本は戦時体制、さらには総力戦体制下に入っていく。政府にとって、産業各部門の生産力向上、とくに軍事工業の拡張が至上命題となり、そのためにあらゆる政策が動員された。その主たる柱が経済の統制強化である。

これは内地のみならず朝鮮でも同様で、総督府の行政は、平時のそれから戦時のそれへと転換した。この転換は、全面的ともいえるほど大きかった。ともすれば日本の朝鮮統治は、時期による違いを考慮せず一括《くく》りで語られるが、これは不適切である。戦時、しかも総力戦の時期と平時を同列に論じることはできない。

この章では、朝鮮で、農業、工業の統制と軍事工業化がいかに進展したかをみる。以下、まず、この課題に入る準備として、総督府の統治機構と財政の変化を概観する。

1 総督府の膨張

朝鮮人官僚の急増

総督府の機構は一九三五年以降、さらに拡張した。本府では一九四三年九月までに、内務局が総務局と司政局に分かれ、局数が八となった。大きく増えたのは所属官署で、同年、その数は四一にのぼる。新設官署は治安・軍事関係が多かった（検事局、保護観察所、予防拘禁所、刑務官練習所、陸軍志願者訓練所、傷痍《しょうい》軍人療養所など）。

一九四三年一二月、決戦体制下、食糧増産、地下・人的資源の徹底活用を目的に、機構は拡張から簡素化・一元化に方向を転じた。すなわち、本府の総務、司政、殖産、農林の各局が廃止され、その主要業務が農商局と鉱工局に統合された。所属官署では、海陸空運輸の一括管理のため、鉄道局が海事・航空（逓信局所管）、港湾（司政局所管）、税関（財務局所管）の各業務を吸収し、新たに交通局となった。

人員は著しく増大し、一九四二年には総数一〇万人を超えた。一九三七年と比較すると五〇％増で、それ以前の五年間の増加率、二七％をはるかに上回っている。民族別には、内地人が五・七万人（四〇％増）、朝鮮人が四・六万人（九〇％増）で、朝鮮人の増加率がより高かった。このように戦時期、従来以上に多くの朝鮮人が統治機構に参画するようになった。

膨張する財政

歳入は、一九三七年以降、北支事変特別税の創設、臨時利得税の賦課（事変利得課税）、所

得税・各種間接税の増税によって、租税収入が急増した(表4―1)。

同時に、公債金収入が大幅に増大する。一九三七年から公債の発行限度額が大きく引上げられ、三九年には一億円を超えた。一九四一年からは、従来の鉄道建設・改良などのインフラ整備だけでなく、防空施設の建設、食糧営団など各種営団への出資、米穀増産といった目的のためにも公債が発行された。

歳出面では、この時期、一般歳出、官業費、国債費のいずれも激増している(表4―2)。なかでも戦時末期、一般歳出が大きく膨張した。その主因は、戦争遂行に必要な食糧・鉱産物の増産、その他諸対策に多額の予算を計上したことである。

人員増および朝鮮人官僚への「在勤加俸」も、予算増の一因となった。在勤加俸は、内地から赴任する官僚に認められた特別手当(在外勤務手当)で、内地人官僚はこれにより、同一職の朝鮮人官僚より高い給与を得ていた。そのためこの制度は、朝鮮人にたいする差別の象徴との批判を受けてきた。「内鮮一体」の観点から、総督府は一九四四―四五年度の予算で、朝鮮人官僚の給与水準を引上げ、内地人官僚と同等にした。

治安維持費も増大している。防諜《ぼうちょう》、防空、消防、水防、志願兵関連事務の各面で、警察業務が増えたからである。くわえて、経済統制が闇取引を誘発したため、その取締り業務が増えた(一九四〇年、警務局に経済警察課が設置される)。しかし、これらの増加率より一般歳

表4-1　総督府の歳入：租税，補充金，公債金，1937-43年

（千円）

	租税						補充金	公債金
	総額	地税	関税	酒税	所得税	臨時利得税		
1937	86,413	13,827	12,801	24,067	16,590	2,840	12,914	51,004
1938	114,491	13,892	16,761	26,492	23,776	7,902	12,909	86,320
1939	150,230	9,950	17,231	28,059	35,599	21,589	12,904	134,018
1940	205,004	13,943	14,903	24,598	50,358	36,702	14,678	156,886
1941	242,386	14,105	7,765	31,344	65,147	47,370	12,944	149,109
1942	338,331	13,086	2,436	28,254	82,327	67,164	12,967	166,673
1943	368,709	21,594	2,333	47,616	78,763	58,713	12,957	379,195

注：各年度決算額（1943年度のみ予算額）.
出所：『朝鮮総督府統計年報』各年，朝鮮銀行調査部『朝鮮経済年報　1948年』III—113頁.

表4-2　総督府の歳出，1937-45年

（千円）

	一般歳出		官業費	国債費	臨時軍事費	総額
	総計	治安維持費				
1937	144,995	36,150	239,330	29,764	11,034	425,123
1938	162,518	37,637	307,040	31,709	26,978	528,245
1939	216,189	40,759	414,285	35,219	42,291	707,984
1940	296,749	41,833	477,727	41,683	50,482	866,641
1941	362,063	50,843	555,661	48,409	94,568	1,060,701
1942	393,950	55,477	513,013	54,542	163,212	1,124,717
1943	721,121	55,716	684,559	63,227	203,058	1,671,965
1944	1,018,109	69,230	927,344	82,178	414,075	2,441,706
1945	1,431,119	101,992	970,608	109,167	606,213	3,117,107

注：各年度予算額.
出所：前掲，朝鮮総督府編『増補　朝鮮総督府三十年史（3）』518-519頁，水田『総督府時代の財政』117，121頁.

出の他費目の増加率が大きく、一般歳出総額に占める治安維持費の割合は低下した。

他方、日中戦争の拡大にともない、一九三七年九月、日本政府は臨時軍事費特別会計を設置した。同会計には、総督府特別会計から繰入れが行われた。朝鮮は併合以来、帝国の軍事費を負担していなかったが、戦時期にその負担が始まったのである。その額は一九四五年までに急増した。

地方財政も膨張した。そのなかで最大の道財政（歳出）は、一九三五年の七〇〇〇万円から大きく増加し、四〇年には一・七億円、四三年には二・六億円となった。土木費、産業・教育など各種補助費の増大が主たる要因であった。

総督府の鉄道収支は、一九三〇年代後半に黒字化する。これは、物流が活発化したことから貨物収入が急増し、経常黒字が利子支払いを大きく上回ったためである（前掲、平井、一四九—一七六頁）。戦時経済の進展はこの点で、総督府財政に恩恵をもたらした。

2　食糧増産計画と農業統制

精神運動と農村労働の組織化

第2章で述べたように、一九二〇年に始まった産米増殖計画は、農業不況の影響により、一九三〇年代初頭に事実上、中断した。だが、一九三九年になると内地、台湾と並行して、朝鮮でも再び米の増産計画が立てられた。

これは、翌一九四〇年、より具体的、長期的な計画に発展する。その目標は、一九四五年までの六年間で、耕種法改善（主として肥料増投と種子更新）によって四六三万石、土地改良（灌漑整備にもとづく開田、耕地整理その他）によって一二〇〇万石の米を増産することであった。

一九四二年、総督府はこの計画を拡充し、増産目標をさらに大幅に引上げる（一二年間で一二〇〇万石）。拡充計画では土地改良をより重視し、総督府は一九四三年八月、その実行機関として朝鮮農地開発営団を設立した。営団の土地改良計画面積は総計五七万七〇〇〇町歩に及んだ。これは、一九二〇年代に進められた産米増殖計画の事業面積二四万四三〇〇町歩をはるかに上回る規模であった。

同時に、麦をはじめ各種畑作物の増産計画が策定された。

増産実現のために総督府は、農民の組織化、精神力の鼓舞を図った。その一環として、一九四〇年一〇月、内地の大政翼賛会と連携する国民総力朝鮮聯盟《れんめい》が結成される。同聯盟は国民精神総動員朝鮮聯盟（一九三八年発足）を再編した組織で、一九三〇年代前半から展開された農村振興運動を農山村生産報国運動に発展させる役割を担った。また各農村に組織された部落聯盟を統括した。

部落聯盟（総数七万余、全農民強制加入）は、一九三〇年に法人化された各部落の殖産契《けい》（個人間の資金融通組織で、内地の頼母子講《たのもしこう》に相当する）に基礎をおき、増産計画の末端実行機関として機能していた。

各部落では、一九四一年から三年間を一期として「部落生産拡充計画」が始まり、各農民に作物別増産目標を割当てた。また、「朝鮮農地作付統制規則」（一九四二年四月制定）によって、食用作物の作付地に他の作物を植えることを禁止した。

総督府は、一九四四年、内地に先立って「農業生産責任制実施要綱」を策定し、より厳格な増産政策を実施する。適用品目は、糧穀のみならず、棉花、麻などの工芸作物、畜産物、さらには藁工品（筵《むしろ》、叺など）に及んだ。

増産を実現するための精神運動は、青年隊生産報国運動をはじめ、農士、総進軍、総突撃運動など軍隊用語を交えて、より強力に展開された。

肥料の増産も図られた。金肥の増産には限度があったので、自給肥料（堆肥、緑肥、液肥）の増産が重視され、各部落でその推進計画が立てられた。

計画の実現には労働投入の増加が必要であったうえ、朝鮮成年層の戦時労働動員が始まったことから、総督府は次第に農村の労働力不足を問題視するようになった。

その対策として総督府は一九四一年、「農村労働力調整要綱」を各道に通達する。その意図は、勤労精神高揚とともに、農村労働の組織化・共同作業化、営農共同施設拡充、農家間の耕地調整（分合《ぶんごう》）、女子労働動員によって、労働力の制約を打開する点にあった。

これを受けて各部落では、牛耕班など、作業種類別に共同作業班が編成され、耕起、田植え、揚水、除草、収穫、調製が、個別農家ごとでなく、複数の農家によって共同で行われるようになる。戦時末期には、部落あるいは愛国班（隣組）を単位とした「軍団組織による増産隊」結成の方針が打ち出され、さらなる労働組織化が企図された。その他、増産のために各層・各団体の人員が動員され、共同農作業に従事することになる。

流通・消費統制

一九三九年、総督府は「朝鮮米穀配給調整令」、「米穀配給統制に関する件」を発し、朝鮮における本格的な米穀統制、すなわち価格統制と出荷・集荷統制を開始した。これ以降、公定（最高）米価のもとで、朝鮮内需給調整を目的とした供出が行われるようになる。

統制実施団体として、朝鮮米穀市場株式会社、朝鮮糧穀株式会社、道糧穀株式会社、道糧穀配給組合、朝鮮糧穀中央配給組合などが次々と設立された。一九四三年には、食糧統制を強化し糧穀を国家管理下におくことを目指して「朝鮮食糧管理特別会計法」、「朝鮮食糧管理令」が制定され、同時に朝鮮米穀市場株式会社と道糧穀株式会社を統合した朝鮮食糧営団が発足した。

統制は当初比較的ゆるやかであったが次第に厳格となり、農民に米穀の保管・供出が強制された。「昭和一六米穀年度食糧対策」では、総督府は、供出完了以前の米穀販売禁止に踏み切る。

その基本方針は次のとおりであった。(一) 年初、全朝鮮均等の一人当たり年消費量を決定し、これに各道人口数を乗じて道別消費高を決定する、(二) これと生産高を対比し、過剰道と不足道を決める、(三) 過剰道の過剰米を総督府の統制米とし、不足道への供給、移出、非農家の需要に当てる。

供出割当は年々増加し、一九四三年には事実上、すべての統制米が供出割当によって調達された。他方、指定買入れ人以外への米販売、すなわち自由販売は禁止された。

雑穀その他の農産物も強制供出の対象となった。

供出には農会をはじめとした各組織（府郡の糧穀供出委員会や各部落の供出必行会）が動員され、末端では、部落聯盟が連帯して割当完遂に責任を負った。

消費統制も厳しさを増した。各行政単位別に消費計画が立てられ、節米・代用食奨励運動が展開された。農民の一定必要量（自家保有）を超える糧穀はすべて供出の対象となった。

一九四二年、北朝鮮西部、黄海道の平野地帯では、農民一人当たり籾一石を残して、他はすべて供出という実情であった。一九四四米穀年度の計画では、全朝鮮の農民一人当たり米〇・六〇七石の保有量が予定された。しかし、実際には同年の農民の一人当たり米消費量は〇・四石以下に落ちこんだ。生産量が計画量を大きく下回ったにもかかわらず、供出量の削減幅が小さかったからである。

統制の強化には、生産・消費統計の整備が必要であった。総督府は個別農家ごとに労働力、農具、各作物播種《はしゅ》面積、肥料生産・消費などの詳細な調査を実施した。また収穫量を正確に把握するために、坪刈り法（田畑での精密な実測）を導入した（米については一九三六年、麦では四二年）。

土地所有制度の変革――地主制の解体と集団化

従来、総督府は内地人、朝鮮人を問わず、地主の利益を尊重し、農村における彼らの影響力を統治に利用した。しかし戦時期には地主も、総督府の厳しい統制を免れなかった。

一九三九年、総督府は「小作料統制令」を制定する。これによって地主は小作料を自由に変更できなくなった。一九四一年には、「臨時農地価格統制令」にもとづき、農地販売価格に上限が設定された。

地主はまた、小作米（地主取得米）の供出を命じられた。供出命令は対一般農民と同様に厳しさを増し、一九四五年五月には、自家消費分一人一日当たり三合を除く小作米をすべて供出させる方針が決定された。その下では小作人が直接供出を行い、地主はたんに供出代金を受取るにすぎなかった。結局、地主は、農村における支配的地位を維持したとはいえ、実質的な土地所有権である財産と収益の自由な利用・処分権を大部分、総督府に譲ったのである。

一方、総督府は、地主を農業生産責任制における生産責任者とした。この点、耕作者が生産責任を負った内地と対照的であった。

しかし総督府が、これによって地主制の強化を図ったと考えるべきではない。この見解は広く共有されているが、地主の土地所有権形骸《けいがい》化を無視している。

総督府の狙《ねら》いは、朝鮮の多数の不在地主、広くは、農業経営に無関心な地主を積極的に増産に取り組ませる点にあった。具体的には、地主を生産管理者、すなわち所有権をもたずに管理のみに従事する一種の勤労者とし、彼らをも農業生産に動員することを目指したのである。

戦時増産と供出増をぜひ実現せねばならない立場からは、生産活動に貢献せず、小作料を取得（生産物を「中間搾取」）するだけの地主は有害無益な存在にすぎない。実際、総督府はそのような地主をすべて不在地主と認定し、地主非難の姿勢を強めた。

のみならず、管理能力を欠く地主から経営権を剝奪《はくだつ》する方針さえ示した。これは地主農地管理制度として具体化し、一九四四年（局地的にはそれ以前）に、不在地主の農地管理・経営を水利組合に委託させる制度が始まる。総督府は年八五万石もの食糧増産が可能な画期的施策として、同制度の全面的導入を図ったのである。

これをいち早く実行した京畿道富平水利組合は、五町歩以上地主二九人の所有農地（合計二〇〇町歩、関係小作人三七〇人）の管理を受託し、増産・増益を達成したという。

労働力流出と生産低下

農地管理の対象は、「惰農」と呼ばれた非生産的な自作・小作農にも向けられた。一九四四年三月、総督府は「農地管理・惰農者措置要綱」を定め、自作農、小作農にかかわらず、認定惰農者の耕地を適当な農家または部落聯盟、青年団に賃貸・譲渡させる方針を明らかにした。

このように戦時末期には、非生産的な地主・耕作者を放逐し、いっそう効率的な生産・供出制度を創出することが重要な国家目標となった。その方向は、農業経営にたいする国家の介入強化と国家主導による大規模農場創設である。

この点について、当時の総督府農商局長は次のように述べている。「増産には『団地経営』が理想的〔であり〕、管理組合が大農地制で運営するのがよい」（一九四四年二月）。これは、総督府の方針を明瞭に示すものである。

農地管理制度の試みはまもなく、帝国崩壊によって挫折するが、事実上、従来の土地所有制度を覆す土地改革への第一歩であった。

他方で、朝鮮内および内地の鉱工業部門への農村青壮年労働力流出は、農業労働の組織化・共同化、女子労働動員などによって補塡し得る量をはるかに超えていた。総督府の総力を挙げた取り組みにもかかわらず、肥料、資材の不足も深刻化した。さらに、過大な供出を強いた結果、農民の生産意欲低下が避けられなかった。

その結果、一九四〇年代、さまざまな施策にもかかわらず、農業生産は大きく低下した。一九四〇―四四年、食糧生産総量は七二六万トンから六八〇万トンに、一人当たりでは〇・三〇六トンから〇・二六三トンに減少した（表4―3）。

表4-3　食糧生産，1940-44年

	1940	1941	1942	1943	1944
総量（千トン）	7,261	7,536	5,276	6,225	6,802
同１人当たり（トン）	0.306	0.305	0.209	0.233	0.263
米生産量（千トン）	3,229	3,733	2,353	2,808	2,451
同１人当たり（トン）	0.136	0.151	0.093	0.105	0.095

注：総量は，米，麦類，雑穀，豆類，イモ類の合計.
出所：木村『北朝鮮経済史』43頁.

3　工業統制と「半島の軍需省」

企業統制、国有化へ

一九三七年、内地に六年遅れて、朝鮮に「重要産業統制法」が施行される。これによって、朝鮮商工業にたいする統制が本格化した。以後、取引、価格、資金融通、賃金などの統制法が次々と出され、市場経済から統制経済への転換が進展する。

一九四二年五月に内地で施行された「企業整備令」は、朝鮮にもほぼ同時に適用された。これは、重要産業の生産力増強を目的として、設備の移動・譲渡禁止、事業委託、合併を命じるなど、企業経営への直接的な国家介入に法的基礎を与えた。

基幹分野では国営企業が設立された。朝鮮住宅営団（一九四一年）、朝鮮重要物資営団（四三年）がその例である。

朝鮮重要物資営団は、未完成または遊休状態にある産業設備の買収・売却・保有を主たる業務とした。これには、総督府によって転廃業を命じられた「時局下非重要中小企業」の資産買上げも含まれる。

同様に、前節で言及した朝鮮食糧営団が、食糧管理の一環として精米業者の設備を買上げ、これを管理下に置いた。具体的には、一九四四年四月に五〇〇ヵ所の精米工場を買収、これらを統合して直接経営にあたった。このように朝鮮では、重要産業のひとつである精米業が国有化されたのである。

民間企業の国有化は、鉄道部門でも行われた。一九四三―四四年、重要物資の輸送力強化を目的として、総督府は民営路線約四〇〇キロを強制買収した。この結果、朝鮮鉄道株式会社など私鉄五社の主要路線(うち二社は全線)が国営に移管される。

一九四三年、帝国議会で「軍需会社法」が成立した。同法は、会社が株主の利益ではなく公共の利益に資すべきことを強調し、重要民間会社にたいする国家の強力な指導・監督権を規定した。これにより、軍需産業における指定会社、すなわち軍需会社を対象に、生産命令の発出、生産責任者の任命、政府監督者(軍需監理官)の派遣を行う一方、資材・資金の優先分配、一定の統制令適用免除、議会の承認によらない補助金交付・損失補塡を認めた。内地の軍需会社は、一九四四年に一四九社、四五年には六八八社に達した。

朝鮮では一九四三年四月、「道義的責任」にもとづく軍需生産責任制が実施され、四四年には、内地に一年遅れて「軍需会社法」が施行される。一九四四年一二月に指定を受けた軍需会社は、朝鮮に本支店をおく三一社である(朝鮮小野田セメント、日本マグネシウム金属、三井油脂化学、三菱マグネシウム工業、朝鮮窒素火薬、朝鮮機械製作所、龍山工作、朝鮮製鉄など)。

翌四五年一月には、朝鮮鴨緑江水力発電（後述）も軍需会社に指定された。

軍需会社は形式的には、利潤を追求する民有民営の事業体であったが、実質的には国営企業にきわめて近い存在と化した。国家の厳しい監督と命令を受け、生産責任を果たさないばあい、政府が生産責任者（通常、軍需会社の取締役社長が任命された）を解任できたからである。これは、たんなる規定にとどまらなかった。朝鮮では実際に、ある軍需会社で生産責任者が解任されている。

労務統制・動員

一九四三年一〇月、総督府は「生産増強労務強化対策要綱」を発表した。これは、すでに適用されていた「国民徴用令」の強化を目指すもので、遊休・不急労働力の動員を柱とし、諸種の措置を含んでいた。徴用の拡張、勤労報国隊の強化および職域ごとの編成、女子労働の動員、雇用・移動・解職の取締り強化、重点産業の労働者への必需品優先配給（特配）、労働者用の住宅確保、厚生施設（医療、衛生、購買組合など）の改善、請負賃金の増額がそれである。

要するに、従来統制外にあった女子労働を含む全労働の徹底動員と労働意欲・効率向上が図られたのである。

各工場や鉱山では「仕奉隊」が結成された。これは、職域聯盟、地域愛国班を基礎に軍隊式に編成された。工場仕奉隊は組、班、伍《ご》といった階層式作業単位からなり、この下で労働者は規律遵守、作業能率向上を強いられた。戦時末期には、重要鉱山、工場に非常増産「特敢隊」（特別敢闘隊）、「遊撃隊」が結成された。

このように、各生産現場には「〇〇隊」と呼ばれる軍隊式作業組織が作られ、増産のためにあらゆる層の労働者が動員されたのである。

「半島の軍需省」――総督府鉱工局

統制強化とともに、帝国経済には経済計画が導入された。内地では、一九三七年に発足した企画院が「物資動員計画」（重要物資の配分計画）の推進役となった。企画院は一九四三年に再編され、軍需省に吸収される。

朝鮮では、一九四三年末に発足した総督府鉱工局が鉄鋼、軽金属、化学製品など重要物資の生産・配分を統括し、主要鉱山・工場にたいして、四半期別、月別に生産目標を割当てた。鉱工局は「半島の軍需省」といわれた。

生産割当制の進展にともなって資材不足が深刻化し、内地、朝鮮では、不足を意味する「隘路《あいろ》」という言葉がしきりに使われるようになった。また量的目標の設定は、製品の品質の低下を招いた。同時に、部門間の不均衡が深刻となり、全般的な不足の半面、部分的な余剰や浪費も生じた。これは、厳格な生産・消費割当制度により、市場の資源配分機能が失われた結果である。

4　軍事工業化——総力戦に不可欠な領域化

電源開発——水豊ダム

一九三七年、野口遵は鴨緑江水力発電株式会社を設立し、鴨緑江本流の電源開発を始めた。発電は、赴戦江の流域変更方式とは異なるダム式で、鴨緑江下流部の水豊《すいほう》に巨大ダムを築き、流水のせき上げ・落下と貯水流量の調節で行うものである。工事担当の間組《はざまぐみ》、西松組の技術者は米国のフーバー・ダムやグランド・クーリー・ダムを視察し、建設技術、機器を導入した。ダム工事には延べ二五〇〇万人の労働者を動員した。その多くは南朝鮮の農村から集めた。

完成したダムは高さ一〇六メートル、長さ九〇〇メートルに達し、当時世界最大級であった。人工湖は琵琶湖の約半分の広さで、発電所は七ヵ所、出力一〇万キロワットの第一号発電機（東京芝浦電気製）は一九四一年に組立てが完了した。

水豊に続いて、鴨緑江および豆満江の水系でさらに電源開発が進んだ。そのなかで、江界・長津江の四ヵ所の発電所は、空爆に耐えられるように山腹の岩盤中に築かれた（主たる工事業者は清水組と飛島組《とびしまぐみ》）。だが、完工目前に敗戦となり、膨大な機械設備はすべて現地に残されることになった。

鉱業開発——基礎鉱物と希少金属・ウラン鉱

一九三〇年以降、総督府は、自らあるいは鉱山会社や京城帝国大学を督励して積極的に鉱物探索を行った。

日米開戦後は、軍需に応じて新資源の探索がいっそう広範囲に進められた。とくに、総督府は一九四三年、三五の調査班からなる「朝鮮重要鉱物緊急開発調査団」を組織し、鉱床の調査を実施した。探索の結果、とりわけ北朝鮮で多種の希少鉱物の存在が判明した。そのなかには、コバルト、ジルコンなど、大東亜共栄圏内の他地域では得がたいものもあった。

表4－4は、朝鮮で採掘・発見された希少鉱物の概要である。

戦時末期には、次の鉱物が朝鮮で「極めて緊急」または「特に急要」とされ採掘が行われた。それは、鉛、モリブデン、蛍石、黒鉛、カリ長石、小藤石《ことうせき》、電気石、リチウム、コロンブ石、モナザイトである。

以下に各鉱物の増産、開発状況を記そう。

〈無煙炭〉

平壌の海軍燃料廠鉱業部の出炭量は一九三八年までに一八万トンに増加した。同部は一九四一年には第五海軍燃料廠となり、防空・防火施設を拡充するとともに、出炭増、煉炭増産を進める。戦時末期の採炭量は年間二五万トン規模である。煉炭工場は四工場を数え、年間生産量は二五万トンに達した。

朝鮮無煙炭株式会社は一九四〇年代、設備の拡張と増産を続けた。とくに、朝鮮内産業向け供給を大きく増やした。同社の出炭量は、一九四〇年には一三〇万トン、四一年には一六〇万トンを記録した。一九四五年の出炭量は不明であるが、計画では三一〇万トンにのぼる。

一九三八年、朝鮮財界の有力者、荒井初太郎（富山県出身、一八六八年生）らが朝陽鉱業を設立した。資本金五〇〇〇万円のうち、半額を日本高周波重工業が出資し、北朝鮮西部の無煙炭鉱を開発した。産炭は硫黄分、灰分が少なく、朝鮮屈指の優良無煙炭といわれ、製鉄、化学工業用として重要視された。

北朝鮮西部、平安南道价川《かいせん》郡の鳳泉《ほうせん》炭鉱は朝鮮の最優良無煙炭鉱として知られた。一九四一年以降、鳳泉無煙炭鉱株式会社（三四年設立）が同炭鉱の開発を進めた。そこでは地下掘

ニッケル	ニッケル鉱	特殊鋼，合金	砲身，銃弾被甲	北朝鮮（咸鏡南道，江原道北部）で産出
コバルト	コバルト鉱	特殊鋼，化学材料	航空機機体，高級工具	北朝鮮（咸鏡南道）で産出
タングステン	重石	特殊鋼	高級工具，軽機関銃，小銃，鉄兜，防盾	南北朝鮮に大鉱床あり
カドミウム	亜鉛鉱	合金，化学材料	軸受，メッキ，顔料	北朝鮮に豊富
ハロゲン	蛍石，氷晶石	化学材料	製鉄，アルミ製錬	同
ベリリウム	緑柱石	特殊鋼，化学材料	高級工具，金属反射鏡，爆薬，燃料	南北朝鮮で産出
ジルコン	風信子石，重砂	特殊鋼，化学材料	高級工具，戦車・艦艇装甲，航空機機体，機器部品，爆薬，燃料，耐火材料	戦時期に北朝鮮（咸鏡北道）で大鉱床を発見
ニオブ，タンタル	コロンブ石，タンタル石	特殊鋼，電極，化学材料	通信機器（超短波用真空管陽極），航空機機体，高級工具，電気炉，特殊化学機械	北朝鮮（平安北道）に世界的富鉱あり
チタン	金紅石，チタン鉄鉱，黒砂	特殊鋼，化学材料	高級工具，溶接，発煙剤	北朝鮮で産出
リチウム	リシャ雲母，輝石	合金，化学材料	航空機機体，蛍光剤，目標用焼夷弾	北朝鮮に豊富
雲母	雲母鉱	断熱材，絶縁体	機器部品	北朝鮮各地で産出
石綿	蛇紋石，閃石	補強繊維	保護服，絶縁体，板材充填材	南北朝鮮で産出

注：最終製品・用途は戦時末期の軍事目的を中心に記した．ハロゲンはフッ素，塩素，臭素，ヨウ素，アスタチンの総称．ニオブ（ニオビウム）は，別称コロンビウム．賦存状況は戦時期の資料にもとづいて推測した．「豊富」，「僅少」は絶対的・固定的な概念ではなく，需要の大きさ，技術あるいは政策によって変わる相対的・流動的概念である．「大鉱床発見」は，必ずしも厳密な探査にもとづくものではなく，当時の希望的観測にすぎない可能性がある．
出所：諸資料にもとづいて作成（くわしくは，木村・安部『北朝鮮の軍事工業化』99頁参照）．

表4-4　希少鉱物とその用途，賦存状況

鉱物または化学物質	含有鉱石	１次用途	主たる最終製品・用途	賦存状況（産地）
黒鉛	鱗状黒鉛，土状黒鉛	電極，坩堝	電気炉	北朝鮮（平安北道）に世界的富鉱あり
リン	リン灰石	化学材料	リン肥料，爆薬	北朝鮮東部で産出．戦時末期に大鉱床発見
シリカ	硅砂	化学材料	耐火煉瓦，研磨材，ガラス	南北朝鮮に豊富
シリコン	同	合金，特殊鋼	変圧器，電線	
硼素（硼砂）	小藤石，電気石	化学材料	光学機器，火薬，琺瑯鉄器，溶接	戦時末期に北朝鮮（黄海道）で小藤石鉱床発見
マグネシウム	マグネサイト，苦汁	合金，化学材料	航空機機体，耐火煉瓦，照明弾，焼夷弾	北朝鮮（咸鏡南道）にマグネサイト大鉱床あり
アルミニウム	明礬石，礬土頁岩，高嶺土，霞石	合金，化学材料	航空機機体，機器部品，焼夷弾	南朝鮮に明礬石の大鉱床あり
トリウム，セリウム，ランタン，ウラン	モナザイト（重砂），褐簾石，コロンブ石	合金，化学材料，電極	航空機機体，塗料，探照灯（光源用炭素棒），核燃料	北朝鮮に豊富
モリブデン	水鉛	特殊鋼，化学材料	高級工具，爆薬，燃料	南朝鮮（全羅北道）に有力鉱山あり
マンガン	マンガン鉱	特殊鋼，化学材料	高級工具，計測器，薬品	各地で産出するが豊富ではない
バリウム	重晶石	合金，化学材料	爆薬，染料，製紙，写真，インク，ガラス，薬品	北朝鮮（江原道北部）に有力鉱山あり
ストロンチウム	同	化学材料	発光塗料，火工品，夜間信号弾	

りのみならず露天掘りも行われ、産炭は戦時末期には小型熔鉱炉で製鉄に使われた。

南朝鮮の三陟炭鉱でも、一九四〇年以降、設備増強、労働力増投によって、出炭量が急増する。産炭の質向上のために、一九四二年には、朝鮮で初めて水選機を設置した。


〈有煙炭〉


戦時期、北朝鮮各地の有煙炭の埋蔵量は三億トン強といわれた。

明治鉱業傘下の沙里院炭鉱は、一九三七―四一年には年平均約三〇万トンの褐炭を産出した。同社の安州炭鉱では、一九四五年に二五万トン、四六年には五〇万トンまで産出を増やす計画であった。

朝鮮有煙炭株式会社は一九四一年に北朝鮮東部の有力炭鉱三ヵ所を買収した。これらの炭鉱はそれぞれ、年間数万トンを出炭した。産炭は主として総督府鉄道局に販売した。傘下炭鉱の有煙炭総埋蔵量は数千万トンと見積もられた。

大日本紡績は一九四三年に北朝鮮東部、咸鏡北道会寧《かいねい》の弓心炭鉱を買収し、炭鉱経営を開始する。同炭鉱は一九三六年に開坑した朝鮮有数の有煙炭鉱で、ソ連・満洲に続く大鉱脈の一部であった。炭質は優良で、発熱量が高かった（一グラム当たり六六〇〇カロリー）。月産は、当初の八〇〇〇トンから、周辺鉱区の開発・買収により一九四四―四五年には四万トンに増大した。産炭は同社の清津化学工場（後述）で消費する予定であったが、総督府の命令によって、鉄道局に六〇％、残りを諸企業に供給した。

〈鉄〉

三菱鉱業（現・三菱マテリアル）は一九三〇年前後から、朝鮮で本格的に事業を展開した。その柱のひとつは北朝鮮北東部、咸鏡北道の茂山鉄山の開発であった。茂山鉄山は当時、三菱製鉄が所有していた。一九三四年に三菱製鉄が日本製鉄に合同したのを機に、これを三菱鉱業が継承した。一九三九年には、茂山鉄鉱開発株式会社の所有となる。同社は三菱鉱業と日本製鉄、日鉄鉱業の三社が共同で設立した会社である（資本金五〇〇〇万円）。日本製鉄は清津製鉄所の原料鉱石を確保するために、この会社の設立を推進した。茂山鉄山はこうして日本製鉄の傘下に入ったが、経営は事実上、三菱鉱業が行った。

三菱鉱業は、一九三八年から四一年までに三五〇〇万円の資金を投下し、年間能力二〇〇万トン、品位六〇％の選鉱設備を建設した。鉱石の採掘方法は、高さ一五メートルに及ぶ階段式露天掘りで、これを行うために米国から多数の最新式巨大機械を導入した。

まず、発破作業では大型自走式ボーリング機を用い、数十トンの爆薬によって、数万トンから最大三〇万トンの鉱石を一度に爆砕する。これをブルドーザーと容量五トンの電気ショベルで三五トン積みの巨大ダンプカー十数台に積込み、選鉱破砕工場に運搬した。選鉱場にも各種の大型機械を備えた。電力は、機械稼動や冬季の凍結を避けるための暖房用に、百数十キロ離れた長津江水力発電所から大量に送電した。そのために、大規模な受電設備を設置した。

このように茂山には、当時世界でも珍しい高度・大型の米国式鉱山技術と設備が導入され、見る者を驚嘆させた。

茂山の鉄鉱石生産実績は一九四〇年には二三万トンにすぎなかったが、一九四二年には一〇〇万トン、一九四四年には一〇五万トンを記録した。この産出量は、釜石、鞍山《あんざん》と並んで内地、満洲、朝鮮で最大であった。朝鮮でこれに次いだのは利原、价川《かいせん》、襄陽《じょうよう》、下聖《かせい》鉄山の三〇万―六〇万トンであったから、茂山鉄山の大きさは際立っている。しかし生産実績は、当初見込んだ五〇〇万トンには遠く及ばなかった。

茂山の鉄鉱石は主として、日本製鉄清津製鉄所と三菱鉱業清津製錬所に送られた。満洲の鞍山、本渓湖《ほんけいこ》の製鉄所、内地の八幡、広畑、輪西《わにし》製鉄所にも供給されたが、多量ではなかった。とはいえ一九四三―四四年には焼結用の粉鉱として、茂山鉄鉱石は八幡、広畑製鉄所で重要な役割を果たしている。

〈硫化鉄〉

宇部セメント傘下の肥料メーカー、宇部窒素工業は一九三六年に北朝鮮東部の端川鉱山（咸鏡南道）を買収し、これを敗戦時まで経営した。同鉱山は朝鮮随一の優良硫化鉄鉱山といわれた。海抜一〇〇〇メートルの奥地にあったので、宇部本社は道路の開発、空中ケーブル（一五キロ）の設置に多額の資金を投じた。採掘した鉱石は宇部に送り、硫酸原料とした。戦時末期には海上輸送難から、興南肥料工場にその全量を供給した。

ほかに、日本鉱業が北朝鮮東部（江原道北部）で有力硫化鉄鉱山（金華鉱山、遠北鉱山）を経営した。一九四四年、その採掘量は合計四・五万トンに及んだ。

〈鉛・亜鉛〉

鉛・亜鉛の有力鉱山には、北朝鮮東部の検徳鉱山（咸鏡南道端川郡）、同西部の成川鉱山、銀峰鉱山などがあった。所有企業はそれぞれ、日本鉱業、三成鉱業（三井鉱山系）、中外鉱業（日本火薬系）である。一九四四年、検徳鉱山では、鉛鉱約三〇〇〇トン、亜鉛鉱一万トン、成川鉱山では、鉛鉱約一〇〇〇トン、亜鉛鉱六〇〇〇トンを生産した。

〈マグネサイト——耐火煉瓦・金属マグネシウム原料〉

一九三九年、朝鮮総督府令にもとづいて、国策会社、朝鮮マグネサイト開発株式会社が設立される。資本金は一五〇〇万円で、総督府と東拓が大半を出資した。総督府は、北朝鮮東部、咸鏡南道端川郡の龍陽マグネサイト鉱山を現物出資した。このほか、日本製鉄、三菱鉱業、品川白煉瓦《しろれんが》、日本マグネサイト化学工業、神戸製鋼所、東京芝浦電気、旭電化工業など、マグネサイト鉱石を必要とする企業も出資した。

龍陽鉱山は鉱量一億トンと見積もられたが、交通不便な僻地《へきち》にあったため長期間放置されていた。朝鮮マグネサイト開発は一九四二年末までに二二〇〇万円を投じて専用鉄道を建設し、開発を進めた。鉱山設備は同年九月に八〇%が完成した。

〈バリウム——化学材料〉

バリウムの最有力鉱山は、北朝鮮東部の昌道鉱山（江原道金化郡）である。同鉱山の重晶石は硫酸バリウム含有率九五%の世界的優良鉱として知られ、全朝鮮の重晶石産出量の半分を占めた。

所有者の中川鉱業（創設者、中川湊、福岡県出身、一八七八年生）は、重晶石に化学処理を行い、爆薬や染料製造に必須の硝酸バリウム、塩化バリウムを生産した。

〈ジルコン・タングステン・モリブデン・ベリリウム・ストロンチウム
——（兵器用）特殊鋼材料・化学材料〉

一九四三年、日本ヂルコニウム株式会社が京城で成立した。資本金は一〇万円と小規模ながら、北朝鮮のジルコン鉱開発を目的とする重要企業であった。ジルコンは重砂（後述）中に広く存在した。日本ヂルコニウムには、軍の指示で、東京の日本精工所、希有金属製錬研究所が資金と技術を提供した。

重石（タングステン）は内地にほとんど存在しなかったが、朝鮮には大鉱床があった。なかでも、北朝鮮西部（黄海道）の百年鉱山が最有力鉱山として知られた。この鉱山は延長二・五キロの鉱床からなり、朝鮮の他の同種鉱山を圧する規模を誇った。朝鮮の鉱山会社、小林鉱業がこれを一九三七年に買収した。小林鉱業はまた南朝鮮北部（江原道）の上東鉱山を所有し、四〇年以降、国策に沿ってタングステン鉱の増産に努めた。帝国日本で同社のタングステン鉱産出シェアは七五％に達し、同社の所有者、小林采男《うねお》（コラム③参照）は「半島のタングステン王」と呼ばれた。

小林鉱業以外では、日本鉱業が北朝鮮西部（黄海道）の箕州鉱山でタングステン鉱を採掘した。箕州鉱山では一九四三年、従業員一六〇〇人を雇用し、タングステン品位六九％の重石を一九〇〇トン産出している。
モリブデン原鉱の水鉛は北朝鮮東部（江原道北部）や南朝鮮西部（全羅北道）に豊富に存在した。戦時期に、国策会社、朝鮮鉱業振興株式会社（一九四〇年設立、資本金一〇〇〇万円）や昭和電工、日本高周波重工業などが採掘にあたった。
前出、中川鉱業の昌道鉱山は緑柱石も産した。同社は、この鉱石から合金材料のストロンチウムや発光塗料原料のベリリウムを抽出した。

〈硅砂——ガラス原料〉

硅砂《けいしゃ》の産地は内地には乏しかったが、朝鮮半島には北朝鮮西部と南朝鮮西部に相当規模の産地があった。
戦時末期、インドシナからの輸入が途絶したため、朝鮮硅砂の重要性が高まる。旭硝子（一九四四年以後は三菱化成）の子会社、東海工業（一九一四年に朝鮮に進出）は、朝鮮で一九四二年に七・二万トン、四三年に六・一万トン、四四年に四万トンの生産実績を上げた。

〈黒鉛・雲母・蛍石・リン灰石——各種工業原料〉

一九三四年、東邦鉱業が発足し、北朝鮮西部（平安北道江界郡、亀城郡）で黒鉛鉱山を経営した。同社は帝国内最大の鱗状黒鉛会社で、産出シェアは九〇%に達した。一九四四年、同社の電極用黒鉛生産量は七〇〇〇トンを記録した。

電気絶縁材料や耐熱材に用いられる雲母の開発を推進したのは、朝鮮雲母開発販売株式会社である。同社は一九三九年の発足後、東京芝浦電気、日立製作所、富士電機、三菱電機など日本の主要電機メーカーの資金提供を受け、北朝鮮各地で雲母鉱山・工場を経営した。総督府は同社を雲母統制会社に指定する。各鉱山には電化設備を設置し、一九四四年、計一〇〇〇トンの雲母生産目標を達成した。

フッ素原料となる蛍石は、北朝鮮東部に優良鉱山が存在した。物開鉱山（黄海道）がそれで、経営者は住友鉱業である。産出鉱は、アルミ工業用として朝鮮内の軽金属工場に供給された。一九四四年の産出量は一・五万トンにのぼった。

一九三九年、北朝鮮東部の咸鏡南道端川郡で、含有量二〇―五〇%（リン酸一〇―二〇%相当）、埋蔵量数千万トンのリン灰石大鉱床が発見された。この開発のために、一九四〇年、朝鮮燐鉱株式会社が発足する。同社は北朝鮮で、ほかにいくつかのリン灰石鉱山も経営した。産出鉱はリン肥料の重要原料として、興南肥料工場など、朝鮮内の化学工場に搬送された。

〈ウラン――核燃料〉

朝鮮にはモナザイトが存在した。モナザイトの主成分はリン、セリウム、トリウムの化合物で、そのほかにウランなど各種元素の化合物を含んでいる。

陸軍は一九四〇年に原爆製造の意義を認識し、翌年その研究を民間研究機関、理化学研究所（理研）の仁科芳雄博士に委託した。仁科はウラン原鉱として、朝鮮のモナザイトに注目する。朝鮮では古く一九一八年に、京都帝国大学の中村新太郎教授がモナザイトの調査を行い、三〇年代に入って理研の飯盛里安博士がくわしい研究を発表していた。

モナザイト原鉱は一般に、磁鉄鉱、チタン鉄鉱、尖晶石、電気石など各種の鉱石を含む黒色砂鉱である。そのため黒砂《くろずな》（ブラックサンド）と呼ばれる。しかし柘榴石《ざくろいし》を含むばあいは赤褐色にみえるので、飯盛博士らはこれを重砂《じゅうしゃ》と称した。

朝鮮では、北朝鮮西部の砂金地帯にモナザイト砂鉱が分布している。とくに大同江・清川江の沿岸地域の重砂はモナザイト含有率が高く、三―四％にのぼった。両江の間に位置する一地域（平安南道平原郡）のモナザイトは、トリウムとウランをそれぞれ九％、〇・一％含有していた。

北朝鮮はまた、フェルグソン石、リン灰ウラン石、銅ウラン雲母など、天然ウラン（ウラン二三八、二三五）を多量に含む鉱石を産する。これらは多くのばあい、巨晶花崗岩《かこうがん》（ペグマタイト）のなかにモナザイトやコロンブ石（タンタルニオブ原鉱）と混在する。

フェルグソン石は、北朝鮮西部、黄海道延白郡の菊根鉱山で重砂とともに産出した（菊根鉱山は三八度線のすぐ南に位置するが、朝鮮戦争を経て現在の北朝鮮国家の領域に入る）。これはウランの優良砂鉱で、含有率は八・四％にのぼった。

リン灰ウラン石、銅ウラン雲母の産地は銀谷鉱山（平安北道朔州郡）、丹緑鉱山（江原道鉄原郡）である。

野口系の朝鮮鉱業開発は一九三九年、日窒鉱業開発と改称し、国策にしたがって希少金属鉱山の開発を推進した。

一九四三年、同社は北朝鮮西部の仙岩鉱業所（平安北道鉄山郡）で重砂の採取を開始する。そこでは簡単な選鉱によってモナザイト含有五〇％の鉱石を得て、後述する興南の製錬所に送った。興南では、日窒電気技術部が開発した静電気法で九五％以上の精鉱にした。精鉱能力は一日当たり一トンで、副産物としてチタン鉄鉱と柘榴石を得た。モナザイトから抽出したセリウムは、興南カーボン工場の炭素棒製造の重要原料となる。

陸軍は菊根鉱山で、一九四四年六月からフェルグソン石の採掘を行った。これによって、原爆製造に必要なウラン二三五の半量（五〇〇キログラム）を得る計画であった（残りの半量は福島県石川町で採掘を予定していた）。しかし陸軍の原爆製造計画は一九四五年六月に、技術的問題から打ち切りとなった（海軍も別個に原爆製造計画を進めていたが、同様に中止となった）。

工　業――極大化する軍需生産

一九三〇年代末から、製鉄、冶金《やきん》、軽金属、化学、繊維など多くの軍事関連分野で、生産拡張が行われた。朝鮮の各企業とくに野口系企業および三井、三菱、住友といった内地の主要財閥が投資を積極化し、これに貢献した。

海軍のロケット燃料を製造する秘密工場も、新たに設置された工場のひとつである。このほか、戦時末期には、内地の有名企業が軍の指示を受けて、続々と朝鮮に工場を建設した。

以下では重化学工業に限定し、生産増強の状況をみよう。

〈製　鉄〉

製鉄業では、日本製鉄兼二浦製鉄所や日本高周波重工業で設備拡大が進行する一方、日本製鉄清津製鉄所、三菱鉱業清津製錬所、三菱製鋼平壌製鋼所などの製鉄所が新設された。

まず日本製鉄兼二浦製鉄所では、一九四〇年、予備製錬炉が完成し、炉型の改造と合わせ、製鋼能力が大幅に増大した。低リン銑炉の建設も進行し、特殊鋼の原料となる低リン銑を主に呉海軍工廠に納入した。この炉は日本人研究者が一九二二年に考案した独特のもので、装入鉄鉱のリン分の量にかかわらず脱リン、脱硫が可能であった。炉の操業には多くの困難がともなったが、冷却板や煉瓦の改良によって効率向上を実現している。

一九四三―四四年には日本政府の指示にもとづいて、容量二〇トンの特設小型熔鉱炉一〇基（年産能力五万トン）が設置された。これらは全炉稼動したが、戦時下の緊急増産にともなう技術的欠陥を免れず、品質不良、生産不調に終わる。

鋼塊の生産量は一九四二年に最大を記録し、その後減少したが、四四年まで一〇万トンの水準を維持した。

一九四四年には政府の指示で、尼崎製鉄から薄型圧延機一基を移設する。

敗戦時までに兼二浦製鉄所の設備能力は、製銑三五万トン、製鋼一五万トン、圧延能力一七万トンに高まった。とはいえ、これは、当時の内地の日本製鉄各製鉄所（総設備能力、製銑四五〇万トン、製鋼四二〇万トン）に比べれば、非常に小さい。

日本高周波重工業は、設立後、大きく成長した。それは、当時特殊鋼を製造する国内メーカーが少ないなかで、軍需が顕著に増大したからである。

同社は一九三八―三九年に資本金を四〇〇〇万円に増やし、城津工場を拡張する。主力製品は高速度鋼材で、自製のフェロタングステンから製造した。一九四〇年の帝国日本のフェロタングステン総生産量は四三七三トンで、そのうち日本高周波の生産量は一五六二トンを占めた。この大半は城津工場の製品である。

城津工場では、炭素工具鋼、特殊工具鋼、切削工具類も多量に生産した。一九四〇年には軸受鋼（クローム鋼）の製造を開始した。従来日本では、軸受鋼は大部分輸入に依存していたが、第二次世界大戦勃発後は輸入が困難となっていた。そこで政府は、軸受鋼と軸受の全面的国産化を目指して、国内特殊鋼メーカーへの補助金供与を決定する。日本高周波はこれを受けて、軸受鋼の製造に乗り出したのである。主たる製品納入先は不明だが、一九四〇年以降はおそらく、内地の兵器廠と南朝鮮の兵器工場（後述）である。

城津工場は一九三八年に陸軍造兵廠の監督工場に指定された。「軍需会社法」にもとづく軍需会社に指定された。戦時末期には、軍からの銃用鋼の生産指示が高速度工具鋼、軸受鋼に次いで多くなった。銃用鋼の生産は飛躍的に伸び、一九四五年には総督府と朝鮮軍から表彰を受けている。

日本製鉄清津製鉄所は、一九三九年四月に建設が始まった大型製鉄所である。総督府と朝鮮軍は以前から、日本製鉄に建設をつよく求め、着工に先だって清津港の防波堤の強化・新設、資材輸送用船舶の確保、土地入手など、多大な便宜を与えた。

計画では、茂山の鉄鉱石と東満洲の密山および鶴岡炭鉱からコークス炭を運び、銑鋼一貫工場を設置することになっていた。そのために日本製鉄が資本参加して、朝鮮マグネサイト、北鮮拓殖鉄道、茂山鉄鉱開発、日本炉材製造清津工場、密山炭鉱など、関連会社・工場が次々と設立された。

しかし資材・労力不足、寒気・悪天候のため、清津製鉄所の建設工事は大幅に遅れた。そこで、二基の熔鉱炉を同時に稼動する当初の予定を変更し、第一熔鉱炉の建設に全力を集中する。その結果、三年後の一九四二年五月にようやく、製銑能力一七・五万トンの第一熔鉱炉の火入れが行われた。同時に、自家発生する排ガスを利用する発電所を設置し、操業を開始した。続いて、「火の玉運動」と呼ばれる突貫工事によって、同年一二月に第二熔鉱炉の火入れを実現した。

この工事を指揮したのが三鬼隆《みきたかし》だった。三鬼は戦後、日本製鉄、八幡製鉄社長を務め、日経連会長として財界で重きをなす人物である（一九五二年、飛行機事故死）。

清津製鉄所では、原料鉄鉱として茂山鉄山の鉱石を約八〇％、その他の朝鮮産鉱石を二〇％使用した。一九四三—四四年には小型熔鉱炉を設置し、無煙炭の利用を試みたが、これは結果不良に終わる。

製鋼圧延設備は一九四五年三月に、大阪の中小型設備、八幡の四〇〇トン混銑炉の移設が決定された。しかし基礎工事の大半を完了した段階で敗戦となり、移設は実現しなかった。

一九四四年度の銑鉄生産量は二二万六六八三トンである。

三菱鉱業清津製錬所は、鉱山会社の三菱鉱業が建設した中規模の製鉄所である。

一九三七年、三菱鉱業は満洲の昭和製鋼所と共同で、ドイツの著名鉄鋼メーカー、クルップ社からレン炉（回転窯）による直接製鋼法の特許権を購入した。これは、鉱石から直接還元で鋼を製造する独特の技術であった。

三菱鉱業は翌年、この技術による清津製錬所の建設に着手する。原料は、茂山の鉄鉱石と北朝鮮西部の無煙炭で、一九三九年、第一号炉の火入れが行われた。一九四三年までに六基の炉が稼動し、電気炉二基による炭素鋼の製造も進行した。一九四二年の鋼（粒鉄）生産量は五・六万トンで、敗戦まで年産五万トン水準を維持した。

三菱製鋼平壌製鋼所は、大同江河畔、降仙の大規模銑鋼一貫製鉄所である。これは、一九四〇年に三菱重工が建設を計画したもので、製鋼原料の自給と電気炉による特殊鋼増産を目的とした。鴨緑江の電源と鉄鉱資源に近いため、降仙が建設地に選ばれたのである。初期建設費用は一六〇〇万円にのぼり、三菱財閥がその調達にあたった。

一九四二年、三菱重工の製鋼部門と三菱鋼材の合併により、資本金三〇〇〇万円の三菱製鋼が誕生し、同社が三菱重工の長崎製鋼所と平壌製鋼所を継承した。

表4-5　**朝鮮製鉄，日本原鉄，日本鋼管の製鉄所**

工場名	概　　要
朝鮮製鉄平壌製鉄所	大同製鋼と東拓が1941年に設立した朝鮮製鉄（資本金6,000万円）の大規模電気製銑プラント．年間，電気銑30万トン，鋳鋼・中空鋼・弾丸鋼・各種合金鉄20万トンの生産を計画．1943年，熔鉱炉完成，軍の指示により弾丸鋼を製造．本格的な生産実績を上げる前に敗戦
日本原鉄清津工場	1943年，「昭和18年度鉄鋼特別増産陸軍対策要綱」にもとづく陸軍緊急指示により，日本高周波重工業が日本原鉄を設立（資本金1,000万円）．年間３万トンの低周波電気製鉄を行う計画．陸軍が資金と資材の調達，土地買収を斡旋．1943年８月，起工，同年12月，炉火入れ．設備能力３万トン．1944年１月，仁川陸軍造兵廠の監督工場に指定される．1944年の生産実績，原鉄（電炉製錬でできる粒鉄）11,492トン
日本鋼管元山製鉄所	1943年，日本鋼管が20トン熔鉱炉10基の建設を計画．1944年５月，第１号炉完成．操業は順調，朝鮮の小型熔鉱炉中，最優秀の成績を上げる．1945年２月以降，華北コークス炭の入荷途絶，操業続行不能となる

出所：同前，木村・安部.

平壌製鋼所の建設工事は、三菱製鋼に移管後、資材不足のために大幅に遅延したが、一九四三年末までに全設備がほぼ完成し、従業員六二九人で操業を開始する。計画では、電気炉による直接製鋼法を採用して炭素鋼、合金鉄を製造し、これを陸海軍に供給することになっていた。しかし直接製鋼法は技術的、経済的に多くの問題を含んでいたために、還元鉄法に切替えられた。のちにはこの方法も困難となり、最終的にはキューポラで転炉法による製鋼が行われた。

陸軍は鉄鋼製品とくに防弾鋼板の増産命令を次々に下した。平壌製鋼所はこれに応じて、大厚板圧延機構想を含む巨大な設備拡充計画を立案する。だが、建設工事は難航し、敗戦までに計画の半分以上が未完に終わった。結局、鋼の生産は行われたものの、製品出荷は実現しなかった。

以上のほか、朝鮮製鉄平壌製鉄所、日本原鉄清津工場、日本鋼管元山製鉄所が建設された。概要は表4－5のとおりである。

〈非鉄金属製錬〉

この分野では、日本鉱業鎮南浦製錬所や興南の製錬所の設備拡張が進んだ。

日本鉱業は一九四一年、鎮南浦製錬所に月産能力五〇〇〇トンの亜鉛電解設備を新設した。当時の従業員数は臨時工員を含めると四六〇〇名を超える。これは、日本鉱業の主力製錬所であった日立や佐賀関《さがのせき》の従業員数に匹敵した。

一九三七－四一年、銅製錬鉱量は年平均二一万八二八六トンで、日立製錬所のそれの約四割に相当した。製錬鉱量はその後も大きく減少することはなかった（一九四二年、二三万トン、四四年、一八万トン）。

一九四三年には硫酸・アルミナ工場と氷晶石工場（フッ化アルミニウム、水酸化アルミニウム製造）の建設を開始する。その工事は敗戦までにそれぞれ、五〇％、八〇％進捗《しんちょく》した。

一九四四年三月からは、同社所有の箕州鉱山（前述）の重石を製錬してフェロタングステンを生産した。敗戦までの生産量は四五二トンである。

興南では、朝鮮鉱業開発がすでに、一九三三年、肥料工場の隣接地に工場を建設し、肥料工場の設備と技術を利用して、自社鉱山で採れる鉱産物の製錬を行っていた。

建設後、工場は継続的に拡大し、一九四一年には年製錬能力が金二・七トン、銀四〇トン、銅三二〇〇トン、鉛四八〇〇トンに達した。亜鉛電解設備も導入した。銅の電解には、熔鉱炉で電解酸素を使用するなど多くの技術的工夫を凝らした。

これに加え、朝鮮の低品位鉱の再選鉱を行う浮遊選鉱設備を設置した。この設備によって、金、銀、銅、鉛、亜鉛、硫化鉄の回収と製錬能力の向上が実現する。同時に、アルミニウム・鉛製錬用の蛍石の選鉱、モナザイト・チタン鉱・ガーネット・コロンブ石の選鉱が可能となった。

一九四三年には、銅製錬設備を利用してニッケル製錬を開始する。一九四五年七月、ニッケル電解工場の建設に着手したが、完成前に敗戦を迎えた。

その他の製錬所には、住友鉱業元山製錬所（一九三七年建設）、三成鉱業龍岩浦《りゅうがんぽ》製錬所（一九四一年建設）がある。これらは、日本鉱業鎮南浦製錬所とともに、朝鮮の三大金製錬所といわれた。三成鉱業龍岩浦製錬所は、産金振興を推進する総督府の要請で、三井鉱山が北朝鮮北西部、新義州郊外の龍岩浦に設置したものである。金、銀、銅、鉛、亜鉛の製錬を行ったが、一九四三年九月、陸軍の指示で銅製錬設備をフィリピンのマンカヤン鉱山に移転した。

〈軽金属〉

軽金属の代表はアルミニウムとマグネシウムである。その製造は一般に複雑な化学処理をともなうので、化学工業の性格を合わせもつ。

アルミニウムは、原料鉱石からアルミナを製造したのち、これを電解して得る。一般的なアルミナ製造法では、ボーキサイトを苛性ソーダで処理する。

このほか戦前には、明礬石《みょうばんせき》や礬土頁岩《ばんどけつがん》を用いる硫安法やソーダ石灰法が開発された。内地では一九二〇年代に東京工業試験所や理研が、ボーキサイトや満洲産礬土頁岩を用いるアルミニウム製造の研究を進めた。これは一九三〇年代の事業化につながる。朝鮮では一九三〇年頃から総督府燃料選鉱研究所と日窒が、平壌産あるいは満洲産の礬土頁岩を使ったアルミニウム製造の研究を始めた。

マグネシウムの原料は、マグネサイト鉱石または苦汁《にがり》（塩化マグネシウム）である。内地のマグネシウム製造は、満洲産マグネサイトや国産苦汁を処理する研究をもとに、一九三〇年代に理研が推進する。同じ頃日窒が、北朝鮮のマグネサイト・苦汁を原料とするマグネシウム製造に乗り出した。

表4-6　**軽金属工場**

工場名	概　要
日本窒素興南アルミニウム工場	1937年設置．原料は当初，南朝鮮産の明礬石，のち華北産の礬土頁岩を使用．低品位のアルミナから純度99.5%超のアルミニウム製品の製造に成功．品位安定と増産は実現せず
朝鮮軽金属鎮南浦工場	1938年，理研が朝鮮理研金属を設立（資本金1,500万円）（42年，昭和電工傘下に入り，44年，朝鮮軽金属と改称）．平壌一帯の礬土頁岩からアルミナおよびアルミニウムを一貫製造する計画．1939年，着工，翌年，アルミニウム生産開始．1941年，マグネシウム工場の建設開始，44年，完成．1942年末，アルミナ電解槽の一部を転用し，マグネシウムの増産体制に入る．アルミニウム部門は1943年から完全操業，生産増大．設備の拡張工事中に敗戦
朝鮮神鋼金属新義州工場	1939年，神戸製鋼，大日本塩業，太陽産業などが東洋金属（42年，朝鮮神鋼金属と改称）を設立（資本金5,000万円）．苦汁・鉱石併用法により年間1,000トンのマグネシウムを製造する計画．1941年操業開始．苦汁不足のため，電解炉半数のみ稼動．1943年，マグネシウム生産実績，260トン，44年，452トン，45年第1四半期，127トン（生産命令126トン）
朝日軽金属岐陽工場	1943年11月，軍，総督府，軽金属統制会，商工省の指示により，日本軽金属が朝日軽金属を設立（資本金4,000万円）．平壌と鎮南浦の中間地点に年産5,000トン，東洋一の大規模マグネシウム工場の建設を計画．原料はマグネサイト，電力は水豊発電所から調達予定．1944年末，第1期工場建設計画の一部が完成，翌年1月に電解槽36基の通電を開始．ボイラー未完成，故障続出のため生産実績上がらず．敗戦までに製造した金属マグネシウムは37トンのみ．敗戦時，朝鮮で最初の防弾地下工場の建設を目指す第2期工事が進行中
朝鮮電工鎮南浦工場	軍の指示により，昭和電工が1943年，朝鮮電工を設立（資本金1億円）．内地の戦時金融公庫が出資．年産5万トンのアルミニウム工場の建設を計画．水豊と江界の発電所の電力を利用し，華北から礬土頁岩を運ぶ予定．資材不足や従業員の応召のため建設工事は難航．敗戦までに，発電所の建物と発電機，電解槽20基および水銀整流器3台の建設・据付のみ終了

出所：同前，木村・安部．

一九三七年以降、軍用機の機体・部品需要が急増したことから、北朝鮮、満洲、華北で、現地の電力と鉱物資源を利用したアルミニウム、マグネシウムの増産が図られた。総督府は一九三九年、「朝鮮軽金属製造事業令」を発布、翌四〇年には、日窒に「アルミニウム製造研究命令」を下した。

一九四二年からは、対米戦争遂行のために、北朝鮮で「軽金属緊急大増産計画」が進行する。各地で大型の製造工場の建設が始まり、総生産目標は一九四五年までに、アルミニウム二〇万トン、マグネシウム二万トンにのぼった。

しかし各工場の建設・稼動は、資材不足、技術的欠陥のために、計画どおりにはほとんど進まなかった。主要工場の概要は表4－6のとおりである。

〈兵器・造船、機械・鋳物〉

この分野でも既存工場の拡張と新規工場の設置が相次いだ。工場の新設は、北朝鮮よりむしろ南朝鮮で目立つ。

まず、平壌兵器製造所では一九三八年までに、職工数が二〇〇〇人に増大していた。対米戦争中に陸軍は、米軍の攻撃に備えて設備を地下に移す計画を進めた。それは、平壌刑務所の囚人を使役して、平壌から約一〇キロ離れた岩山のなかに一大地下工場を建設するものだった。作業は敗戦までに九分通り完成し、現場を訪れた医療班の一員はのちに、その規模に驚嘆したことを証言している。

敗戦直前の平壌兵器製造所の主要生産品目は弾丸と爆弾で、弾丸製造能力は月間一八万発である。敗戦時には六〇〇〇人（うち朝鮮人五〇〇〇人）がこの工場で働いていた。

さらに陸軍は、一九四〇年、仁川陸軍造兵廠を発足させ、仁川に第一製造所と技能者養成所を設置する。製造所では銃剣、小銃、爆弾を製造した。一九四三―四五年の月産能力は、銃剣一万振り、小銃九〇〇〇挺、中・小型爆弾四八〇〇個である。敗戦時の従業員数は数千人に達したとみられる。

民間の大工場には、三菱製鋼仁川製作所、朝鮮機械製作所仁川工場、朝鮮重工業釜山造船所がある。

三菱製鋼仁川製作所はもともと、一九四二年、三菱製鋼が仁川近くの機械工場を弘中商工（機械の製造販売会社）から買収したものである。買収後、同社は工場の設備を拡張し、陸軍の命令で特殊鋼板、迫撃砲、兵器用加工品を製造した。敗戦時、工場の従業員数は一二三〇人であった。

朝鮮機械製作所は東京のボイラーメーカー、横山工業の子会社で、一九三七年、仁川に工場を設置し、棒鋼、海軍船舶用汽缶、鉱山機械、各種兵器を製造した。戦時末期には陸軍の輸送用潜航艇の大量生産計画を立て、専用ドックの建設を進めた。敗戦時、従業員数は五〇〇〇人を超えていた。

朝鮮重工業は東拓、三菱重工、朝鮮殖産銀行などの出資により一九三七年に成立した企業で、釜山に造船所を建設した。これは朝鮮で最大規模の造船所で、敗戦時の従業員数は二八〇〇人を数えた。

このほか、三〇年代末から次の内地企業が京城・仁川地域に軍事関連の機器製造工場を設置する。三菱電機、昭和精工、湯浅蓄電池、光洋精工、日本精工、日本車輛製造、日立製作所、東京芝浦電気、沖電気、松下電器。

この結果、南朝鮮では、従来の紡績分野に加えて、機械分野でも工業化が急進展したのである。

〈化　学――ロケット燃料〉

化学工業では、ロケット燃料を製造する工場が出現した。それが日窒燃料工業龍興《りゅうこう》工場である。

日窒燃料工業は日窒の一〇〇％子会社で、一九四一年に成立した（資本金三〇〇〇万円）。龍興工場は興南に位置し、一九三八年に建設が始まった。目的は、海軍の求めに応じて、高オクタン価液体燃料のイソオクタンを製造することであった。これは完全な秘密工場で、NZ工場と呼ばれた（NZはロケット燃料のコードネームで、Nは日窒または海軍、ZはZ旗に由来する）。工場建設には、興南の技術、資材、設備を可能なかぎり転用した。

第一期工事は一九四一年にほぼ完成し、カーバイドから、アセチレン、アセトアルデヒド、ブタノールの工程を経てイソオクタンの合成に成功する。工場は一九四二年六月に稼動を始めたが、機器の故障が続き、五〇％程度の稼動率にとどまった。

第二期工事は一九四〇年から進行し、四四年夏、完成直前に至った。しかしこのとき、海軍上層部の直々の命令により、呂号乙薬製造設備の建設に転換する。

呂号乙薬は、ドイツ軍がロケット戦闘機メッサーシュミット（Ｍｅ１６３）やＶ２ロケットに使った燃料である（呂はロケットのロの意）。戦史研究者の間でよく知られているように、一九四四年夏、日本海軍の技術中佐が伊号潜水艦と輸送機を乗り継いで、その基本情報をドイツから持ち帰った。

海軍の計画は、敗勢挽回の切り札として、アメリカの爆撃機Ｂ29迎撃用の噴射ロケット戦闘機、秋水を開発し、その燃料に呂号乙薬を使用することだった。そのために、日窒、三菱化成、日産化学など二〇社余りの化学会社に同薬の製造を命令したのである。

同薬には当初、甲から丙まで三種あり（のちに丁ができ四種）、龍興工場では甲液（過酸化水素八〇%水溶液）と乙液（ヒドラジン八〇%水溶液）の製造を計画した。その量は、各社のなかで最大であった。

ヒドラジン工場の建設は異常な突貫工事で進められ、わずか一ヵ月で完成する。設計は、ドイツ軍から得た書類を参考にした部分を除き、独自に行った。

一九四四年末、ヒドラジンの生産が軌道に乗った頃、海軍は突如その中止を命じた。ヒドラジン以外の物資の調達ができず、燃料製造計画が頓挫《とんざ》したのである。過酸化水素の製造は、日窒ではまったく未経験であったために困難をきわめたが、敗戦までに少なくとも五〇立方メートルの製品を海軍に引渡した。

一九四五年春には、近隣の山中にトンネルを掘り、龍興工場をそこに移転する計画が立てられた。だがこれは、敗戦により実行されずに終わる。

ロケット燃料の製造は、大日本紡績の清津工場でも計画された。大日本紡績は一九三七年に朝鮮への進出を決定し、清津で人絹工場建設に着手していた。当時、内地では政府の方針によって繊維産業の拡張は困難だったが、朝鮮では総督府が人絹工場の誘致に積極的だった。総督府は、主として大日本紡績清津工場で人絹（長繊維レーヨン）、鐘淵工業平壌工場でスフ（短繊維レーヨン）を生産するように分担を決めた。清津工場の第一期建設工事は一九四一年二月に完了し、三〇万坪の敷地に硫酸・人絹工場、硫化ソーダ工場、薬品工場、自家発電所が建てられた。

人絹の年産能力は八七〇〇トンであった。これは内地の中堅工場の規模に相当し、朝鮮の人絹需要を十分満たすことができた。

一九四四年八月、清津人絹工場は清津化学工場と改名され、翌年四月には軍需会社に指定された。同時に、フッ化アルミニウム製造装置の建設が進行した。フッ化アルミニウムは、アルミニウム製造に必要な電解用助剤である。海軍の命令により、ロケット燃料の呂甲液の製造準備も行われた。全設備の半分をこれに充てることになり、一九四五年五月から突貫工事を進めた。しかし生産開始に至る前に敗戦となった。

〈化　学――火薬工業〉

火薬工業も急成長した。

朝鮮では治安上の理由から、「銃砲火薬類取締令」によって、一九三四年まで火薬製造が認められていなかった。同令改正後、鉱工業開発の進展による火薬需要の増大を受け、北朝鮮で火薬製造が活発となった。その基盤は、食塩電解工業、アンモニア工業、油脂工業の発展である。総督府は一九三九年に火薬委員会、四〇年に発破研究所を発足させ、朝鮮における火薬の研究と生産増強を図った。こうして一九四一年には朝鮮の火薬自給体制が整う。

火薬工業で最大の規模を誇ったのは、朝鮮窒素火薬興南工場である。

日窒は一九三五年、資本金二〇〇〇万円で朝鮮窒素火薬を設立し、興南肥料工場の近くに火薬工場を設置した。同工場はその後、従業員二五〇〇人規模に成長する。

硝安工場では、基本原料のアンモニアと酸素を肥料工場からパイプで送り、一五基の濃縮塔で硝酸を製造した。硝酸製造能力は帝国日本で最大であった。

黒色火薬工場では、導火線用粉火薬、鉱山薬、猟用・陸軍用製品を生産した。陸軍用黒色火薬の産出量は、一九三八―四四年間、二〇〇〇トンから六〇〇〇トンに増大した。

綿火薬工場では南朝鮮の綿業地域から綿リンターを調達し、帝国日本で唯一の一貫設備を導入した。カーリット工場では鉱山や土木工事用の爆薬を製造した。

大規模に機械化した雷管工場、導火線工場、ダイナマイト工場も建設された。雷管工場は一九三九年に完成する。そこでは、原料の水銀を節約するために、窒化鉛を用いて雷管を製造した。この技術はもともと米国で開発されたが、工業化は日本初であった。窒化鉛の原料となるヒドラジン、亜硝酸アルコール、苛性ソーダなどは、すべて興南の各工場から調達した。

一九四四年には、ダイナマイト第四工場を転用し、軍用無煙火薬を製造することが決まった。その設備は敗戦までにほぼ完成したが、製品出荷には至らなかった。

同年八月、海軍はカーリット工場の拡張と年産一五〇〇トンのK2、K3爆薬製造（爆雷用）を示達した。軍用「SU火薬」の工場では、永安工場製のウロトロピンから強力爆薬、ヘキソーゲンを製造した。しかし一九四五年に入ると、原材料不足や従業員の応召の結果、全体の生産は大きく落ち込んだ。

その他、一九三五年に日本火薬が朝鮮に子会社を設立し、北朝鮮西部の海州に工場を建設した。一九三八年には浅野セメント、一九四〇年には日本油脂がこれに続き、各種爆薬、雷管、ダイナマイトを製造した（朝鮮浅野カーリット鳳山〈北朝鮮西部〉工場、朝鮮油脂仁川工場）。

〈化　学——光学兵器〉

光学兵器部門でも、工場の建設計画が進展した。

一九二一年、大日本製糖は平壌に、朝鮮産甜菜《てんさい》の加工工場を建設した。戦時期、軍需産業への転換のために、内地の多くの精製糖工場が操業短縮や閉鎖に追いこまれた。大日本製糖平壌工場も同様であった。

一九四三年七月、日立製作所がこれを買収し、軍需工場に改造する。同社は資本金一〇〇万円で朝鮮特殊化学株式会社を設立し、この工場で硼砂《ほうしゃ》製造を計画した。

硼砂は光学兵器製造には不可欠であったが、内地のメーカーは従来、これを輸入に依存し

表4-7　肥料，化学材料，人造石油，石油精製，電極，製紙・パルプ，セメント，耐火煉瓦部門の工場拡張，新設

工場名	概　要
日本窒素興南肥料工場	創設以後，継続的に拡張．硫安，硫リン安，過リン酸石灰，石灰窒素などを製造．朝鮮，内地に大量出荷．戦時末期，アンモニア合成塔24基，従業員7,918人（うち内地人2,402人），年間製造能力，アンモニア19万トン，硫酸60万トン，硫安50万トン．硫安製造能力は1943年，帝国日本の同種工場中，最大（生産シェア，26%）
日窒燃料工業青水工場	水豊ダム下流，青水の日窒カーバイド工場．1940年，着工，43年，操業開始．カーバイド炉３基を配備，自動操作可能な最新設備で操業
日窒ゴム工業南山工場	1942年，海軍の指示で，日窒が新会社，日窒ゴム工業を設立．青水のカーバイド工場の隣に合成ゴム工場を建設．アセチレンからゴムを合成．製品化に成功した直後に敗戦
朝鮮人造石油阿吾地工場	1940年，朝鮮石炭工業が灰岩工場を阿吾地工場と改称．1941年，同社は社名を朝鮮人造石油に変更．石炭液化事業を推進．技術的困難を克服し，ドイツの代表的化学メーカー，IG 社の実績を大きく上回る連続運転記録を達成．1943年，海軍の命令で液化油製造をやめ，海軍の航空燃料用メタノール製造に転換．メタノールの年間生産量1.6万トン．製品の一部を奉天（現瀋陽）の南満造兵廠に供給
朝鮮石油元山製油所	1935年，日本石油が朝鮮石油を設立（資本金1,000万円）．同年，製油所建設，36年，操業開始．設備能力は内地の中型製油所以上の規模．航空燃料，ガソリン，航空潤滑油，重油を生産．以後，設備増強，敗戦時の資本金5,000万円，年間製油能力40万㎥
日本炭素工業城津工場	1940年，日本カーボンと日本高周波重工業の折半出資により日本炭素工業が成立（資本金250万円）．日本カーボンが技術者を派遣し電極製造工場を建設，1942年，一部の操業開始，43年，全設備完成．天然黒鉛電極と人造黒鉛電極を日本高周波重工業城津工場に供給
朝鮮東海電極鎮南浦工場	1940年，東海電極製造（大同製鋼の子会社）が朝鮮の鳳泉無煙炭鉱株式会社と共同で朝鮮東海電極を設立（資本金500万円）．同年８月，総督府の支援を受けて工

	場建設に着手．1943年7月，全工場の操業開始．電極年産能力4,800トン．製品を三菱製鋼平壌製鋼所，朝鮮製鉄平壌製鉄所に供給．原料は朝鮮産の鱗状・土状黒鉛と無煙炭，内地，華北のピッチコークスを使用．1944年，設備増強を決定，本社の東海電極から2,000トンプレス，高圧電機，朝鮮電工鎮南浦工場から捏合機その他を借用して工事開始．設備の半分が完成直前に敗戦
昭和電工平壌工場	1944年4月，軍需省の指示で，昭和電工が人造黒鉛年産2万トン能力の工場建設に着手．第1期工事で年産1万トンの設備導入を予定．平壌近郊の土状黒鉛と無煙炭を原料に使い，製品を内地に送る計画．建物がほぼ完成，日立製作所製の機械到着を待つ段階で敗戦
王子製紙新義州工場	戦時末期，総督府の新聞紙自給方針にしたがい，苫小牧工場から抄紙機を移転．工事の途中で敗戦．敗戦時の年間洋紙生産能力，1.5万トン
鐘淵工業新義州葦人絹パルプ工場	1930年代，鐘紡が葦から人絹パルプを製造する技術を開発．1939年，鴨緑江河口に大量の葦が繁茂する新義州に葦人絹パルプ工場を建設．製紙用，人絹用の葦パルプを年間6,000トン製造
北鮮製紙化学工業吉州工場	1930年代，王子製紙がパルプ廃液からアルコールを製造する技術を開発．1943年，軍の指示により，吉州工場に年産2万トンのアルコール製造工場を付設．敗戦時，人絹パルプ生産能力3.3万トン
鐘淵工業平壌人絹・スフ工場	1939年，鐘紡が人絹・スフ工場の建設を計画．戦時末期，日産能力，硫酸10トン，人絹・スフ30トン．1945年6月，平壌の第五海軍燃料廠の指示により，工場の二硫化炭素精製設備8基中，4基を松根油製造設備に改造
小野田セメント三陟工場	1938年，小野田社が南朝鮮東部，江原道三陟に新工場の建設を計画．1942年，第1期工事完成．年産能力15万トン
朝鮮浅野セメント鳳山工場	1940年，浅野セメント本社が回転窯2基を九州の佐伯工場から北朝鮮の鳳山工場に移設．鳳山工場の年産能力，30万トンに増大
鴨緑江水力発電勝湖里クリ	1940年，鴨緑江水力発電がクリンカー（セメントの中間原料）製造工場を小野田社の平壌工場の構内に建設．帝国日本で最大規模の全長145メートルの長大回転窯

ンカー工場，水豊洞セメント工場	を設置．クリンカー年産能力17万トン．製品のクリンカーを水豊ダムの建設現場の工場で破砕．1939-40年，破砕工場で2基の回転窯が稼動開始．セメント年産能力20万トン
日本マグネサイト化学工業城津工場	1935年，日本高周波重工業が日本マグネサイト化学工業を設立（資本金100万円）．1936年，耐火材料，マグネシア・クリンカー工場を建設．1939年，会社資本金を400万円に増額．敗戦時，工場のマグネシア・クリンカー年産能力3万トン
日本耐火材料密陽工場，本宮工場	1937年，日窒の出資で日本耐火材料が成立（本社京城，資本金50万円）．1938年，南朝鮮の慶尚南道密陽に煉瓦工場を設置，42年，増資，北朝鮮の本宮に同種工場建設．1944年，増資（資本金600万円），両工場の設備増強工事を実施．敗戦時，本宮工場では工事続行中，マグネシア・クリンカー年産能力28,080トン
朝鮮品川白煉瓦端川工場	1942年，品川白煉瓦（1875年創業，日本の代表的な耐火煉瓦製造会社）が軍の指示により朝鮮品川白煉瓦を設立（資本金450万円）．北朝鮮，咸鏡南道端川に工場を設置．朝鮮マグネサイト開発の龍陽鉱山から原料マグネサイトを専用鉄道で工場まで搬送，1944-45年，各種マグネシア・クリンカーの製造開始

出所：同前，木村・安部．

ていた。戦時期に、大同江上流の鉱山で小藤石が発見され、日立がこの鉱石から硼砂を製造する技術を開発したのである。同社はこの技術によって、傘下の仁川鋳鋼工場で硼砂を生産した。のちに原料採掘地に近い平壌工場で量産を図り、設備の一部操業を始めた段階で敗戦を迎えた。

さらに、電極、石油精製、セメント、パルプ、など他の多くの分野で、工場の拡張や新設が進んだ。

電極は、特殊鋼・軽金属・カーバイド・爆薬・化学原料の製造用、探照灯用、発電機用などに大量に必要である。アルミニウム工業ではとりわけ陽電極を大量に消費する。

朝鮮では対米戦争開始後、とくに一九四四年に入り製鋼、軽金属、電気化学工業の電極需要が激増した。従来その多くは内地から購入していたが、朝鮮内自給体制の確立を目指して、軍、政府が朝鮮での増産を指示した。敗戦前には、陰極原料の鱗状黒鉛が大幅に不足したため、その代用品として人造黒鉛の生産が企てられた。

電極を含むその他工場の設備増強、新設状況を表4－7に要約する。

生産能力

一九四〇年以降、農業生産とは対照的に、朝鮮の鉱工業生産は増大した。増産は主として北朝鮮で起こったが、南朝鮮でも京城、仁川、釜山を中心に生産が拡大した。これは、内地からの資本投下と大量の新規労働投入の結果であった。とはいえ末期には設備の劣化や部品不足が深刻化し、いっそうの増産が非常に困難となった。

表4－8が示すように、一九四四年末までに朝鮮は、帝国日本の基礎資材生産で重要な位置を占め、総力戦の遂行に不可欠な領域となった。

表4-8　1944年末の基礎資材生産能力，帝国日本全体と朝鮮

品目	単位	A. 帝国の生産能力	B. 朝鮮の生産能力	C. 同比（%）
普通鉄	千トン	5,751.0	822.0	14.3
製鋼原鉄	〃	315.3	81.0	25.7
アルミニウム	〃	196.9	32.3	16.5
マグネシウム	〃	11.0	3.9	35.5
亜鉛	〃	82.0	11.0	13.4
蛍石	〃	120.2	61.0	50.7
石綿	〃	15.5	5.5	35.5
雲母	〃	0.5	0.2	34.8
鱗状黒鉛	〃	57.4	30.6	53.3
土状黒鉛	〃	136.2	73.0	53.6
鉄鉱石	百万トン	11.0	4.1	35.0
タングステン鉱	千トン	7.0	6.0	85.7
コバルト鉱	〃	0.1	0.1	100.0
ニッケル鉱	〃	20.0	20.0	100.0
硫安	〃	1,403.0	468.0	33.0
石灰窒素	〃	174.0	24.5	14.1
カーバイド	〃	444.4	110.0	24.8
メタノール	〃	36.7	11.5	31.1
アセチレンブラック	〃	6.0	3.7	61.6
稀硝酸	〃	86.4	20.0	23.1
セメント	百万トン	5.2	1.2	23.0
研削材	千トン	14.3	1.7	12.0
酸素	百万㎥	4.0	2.7	68.7
石灰石	百万トン	17.7	3.0	17.0
工業塩	千トン	179.3	25.0	13.9
食料塩	〃	561.4	320.0	57.0
石炭	百万トン	56.4	7.1	12.6

注：A欄は，原資料では「全日本生産力」（満洲国を含まない）．A，B欄とも1944年12月5日現在の数値．ただしA欄の工業塩，食料塩，石炭の値は内地の1944年生産実績と朝鮮の上記時点の生産能力の合計．C欄の数値は，A欄，B欄の原数値（四捨五入前の数値）から計算．原資料中，朝鮮の生産能力比が10%以下の財（苛性ソーダなど10品目）は記載を省略．
出所：同前，木村・安部（原資料は「帝国議会説明資料」）．

5　朝鮮の「戦争経済」とは

内地を超える国家管理と全土の軍需開発

一九三七年の日中戦争勃発以前、総督府は自主的な予算編成を行っていたが、戦時体制下、それは不可能となった。総督府は、中央政府同様、軍部の意向、指示に服さざるを得なくなったのである。財政の異常な膨張はその表れであった。

経済システムも大きく変わった。生産責任制、労働の動員・組織化、増産運動、供出強要、国家による農地・企業管理、物資動員計画の導入によって、従来の市場経済の要素、すなわち個人による自由な経済活動はほぼ完全に消えた。

朝鮮の経済統制・国家管理は多くのばあい、内地に追随して行われたが、農業およびこれに関連する分野では、内地以上に進展した。地主農地の「団地経営」や精米工場の国有化は、内地ではみられなかった政策である（第2章で述べたように、内地ではもともと、籾摺・精米が工場工業化されていない）。

軍事工業化は、豊富な鉱物・電力資源、労働力を基盤に、従来考えられていた以上に広範かつ急速に進行した。これは朝鮮全土に及び、あらゆる資源が、軍需に向けた探索・開発の対象となったのである。

北朝鮮では、近代兵器工業の核たる特殊鋼・軽合金の生産、ロケット燃料やウラン鉱の開発まで行われた。これらの事実は二一世紀の今日まで一般にはほとんど知られていないが、対米戦争のなかで、朝鮮がいかなる役割を担ったかを語るうえで見落とせない。

朝鮮では米軍は空襲を実施しなかった。そのため内地と異なり、朝鮮の工場群は敗戦時まで無傷であった。

自立的工業の建設

朝鮮では一九三〇年代以前、産業開発に必要な資材や機械設備は、大部分、内地、欧米から持ち込まねばならなかったが、戦時期、域内の工業成長によって自給度が高まった。朝鮮史の研究者の間では、朝鮮経済は戦時期、内地経済にいっそう従属するようになったという見解が多くみられる。しかし実際は、むしろ逆であった。

帝国日本は、長期戦に備え、朝鮮における「戦争経済」の構築のために、本国から自立した軍事・非軍事（繊維、雑貨、食料品など）工業の建設を企図したのである。政府は戦時末期、内地の設備や技術工の朝鮮移転を推進する計画を立て、一部を実行に移していた。

他方、「鮮満一如」が謳《うた》われたように、朝鮮と満洲の経済的結びつきが強まった。朝鮮の諸工場は満洲から燃料（とくにコークス炭）と工業原料を大量に購入する一方、半製品・完製品（化学製品や機械類）を販売した。水豊ダムの電力の半分は満洲に送電された。華北との経済関係も同時に強まった。その一例は華北からの礬土頁岩の輸入である。それは戦時末期の朝鮮におけるアルミニウム生産を支えた。

こうした朝鮮・満洲の自立的工業の建設は、完全には達成されなかったが、帝国崩壊時までに大きく前進したのである。

コラム③

小林采男

小林采男（一八九四―一九七九）の父、藤右衛門（一八六九―一九二九）は一九〇六年に朝鮮に渡り、実業界で成功した人物である。とくに鉱山経営によって、財を築いた。采男は一九一九年に東京帝国大学政治学科を卒業後、農商務省、商工省に勤務する一方、地質学を学び、優秀な鉱山技師として知られるようになった。彼は、父の死後、その事業を継承する。

一九三四年、采男は資本金三〇〇万円で小林鉱業株式会社を設立した。以後、朝鮮各地でタングステン鉱山を経営し、社業を発展させた。一九三九年には京城近辺に製錬所も設置している。

経営と並行し、采男が熱意を示したのは教育事業である。一九三八年、官立京城高等工業学校鉱山科が分離・独立し、京城鉱山専門学校が設立された。これには、采男による私財三〇〇万円の寄付が大きく貢献した。采男はまた、海州工業学校（北朝鮮西部）、春川《しゅんせん》農業学校（南朝鮮北部）、城南中学校（京城）の設立にあたって多額の寄付を行った。

内地では、昭和塾に資金を提供した。昭和塾は、近衛文麿のブレーントラスト（政策研究団体）、昭和研究会を主宰した後藤隆之助が一九三八年に開設した私塾で、当時の一流知識人を講師に招き、日本の将来を担う人材の養成を目指していた。

采男は小林鉱業で、朝鮮人を差別することなく、彼らを積極的に社員に採用した。そのさい思想を問わず、民族主義的あるいは社会主義的傾向のつよい者も受け容れた（これは戦後、後述の大韓重石鉱業で激しい労働争議が起こる原因となる）。さらに、社員への利益還元に意を用い、多くの賞与の支給を惜しまなかった。

戦後、采男は日本に帰り、公職追放処分を受けたが、解除後は金属製錬の企業の設立や教育機関の運営にかかわるなど、活発に活動した。

小林鉱業の在朝鮮資産は、南では米軍が接収したのち、韓国政府の直接管理を経て、一九四九年に民間会社、大韓重石鉱業に譲渡される。同社は一九五二年に株式会社となった（当時の社長は、京城高等工業学校鉱山科出身の元小林鉱業企画部長、安鳳益）。この間、上東鉱山では輸出向けにタングステン採鉱が行われ、南朝鮮・韓国に貴重な外貨をもたらした。京城鉱山専門学校は、ソウル大学工学部の基盤のひとつとなった（現ソウル大学校工科大学エネルギー資源工学科）。

一九六九年、大韓重石鉱業は会社創設者、采男の労苦に敬意を表し、彼に同社名誉顧問の称号を授与した。日本統治期の経営者が戦後、後身の韓国企業から称号を受けるのは非常に珍しい。これは、采男の貢献にたいする時代・民族を超えた高い評価の表れである。

付言すると、大韓重石鉱業は一九六八年、朴正熙政権の要請で、浦項《ポハン》綜合製鉄（現在、世界的な鉄鋼メーカーとして知られるポスコ〈ＰＯＳＣＯ〉の前身）の創設に参画し、人材、資金、技術を提供した。とくに、浦項綜合製鉄の初代社長、朴泰俊《パクテジュン》は一九六四年から大韓重石鉱業社長を務めた人物で、彼の指導力は浦項綜合製鉄の成長に大きな役割を果した（元陸軍少将、のちに政界進出、二〇〇〇年、国務総理、一一年、死去）。

北朝鮮では戦後、金日成が百年鉱山のタングステンの重要性を評価し、万年も続くと誇って同鉱山を万年鉱山と改名した。北朝鮮の文献では、その周辺は鉱山都市として発展しているとされるが、生産状況の詳細は不明である（金日成は一九八一年に、重石は機械工業になくてはならないが、不足のため多額の外貨をかけて輸入していると述べている）。

第5章

北朝鮮・韓国への継承

——帝国の遺産

一九四五年八月八日、ソ連は日本に宣戦を布告し、直後にソ連軍が北朝鮮（および満洲・南樺太《からふと》）に侵攻した。一五日には日本がポツダム宣言の受諾を発表、これを機に日本の朝鮮統治は終焉を迎える。日本統治下朝鮮の研究は通常、この時点で議論を終える。しかし本書は、これに満足しない。

朝鮮はその後、南北分断、対立する二国家の成立（大韓民国、一九四八年八月、朝鮮民主主義人民共和国、同年九月）という特異な道を歩んだ。南北はそれぞれ、日本統治から何を継承したのか、しなかったのか、どのような面で連続と断絶があったのか。

この問題を考えることは、日本統治の歴史的意義を理解するうえで欠かせない。それは、本格的に行うとすれば、膨大な作業となる。この章の目的は、そのスケッチを描くことである。

以下まず南北別に、産業遺産について述べよう。次いで、南北における統治イデオロギー・経済制度・軍事政策の連続と断絶をみる。最後に、「まえがき」で提起した疑問、戦後南北の経済パフォーマンスの対照について展望する。

1　引き継がれた産業――巨大な軍事工業

北朝鮮に多く残された遺産

帝国日本は朝鮮に膨大な開発成果を残した。それは電力、鉄道、港湾などのインフラ、鉱工業の生産設備から農業の進歩に及んだ。

ここまでの議論で明らかにしたように、インフラ、鉱物資源、工業設備の多くは北朝鮮に存在した。

北朝鮮の発電能力は一九四五年、総計では南朝鮮の六倍、一人当たりでは一一倍だった（表5－1）。一人当たりでは内地すら上回る。北朝鮮の一人当たりGDPが内地より低いことを考えれば、これは、経済規模（GDP）の割に、北朝鮮では発電能力が内地より大きかったことを意味する。

鉄道総延長は人口および面積当たりともに、北朝鮮が南朝鮮を上回った（表5－2）。すなわち、北朝鮮の鉄道網は南朝鮮より密であった。内地と比べると、面積当たり延長は半分以下だったが、人口当たり延長はより大きく、人口規模にたいして鉄道網が発達していた。

鉱物資源のうち、南朝鮮が北朝鮮より豊富だったのは、水鉛、高嶺土《こうりょうど》（窯業原料土）、明

表5-1　発電能力の比較, 北・南朝鮮, 内地, 1945年

	A. 発電総出力（千 KW）	B. 人口（千人）	C. 1人当たり発電量（KW）
北朝鮮	1,515	9,379	162
南朝鮮	237	15,975	15
内地	10,385	72,200	144

注：北・南朝鮮の発電総出力（工事完成分）は自家発電分を含まない. 内地のそれは含む. 内地人口は北海道, 本州, 四国, 九州の在住人口の合計. 漢江水系の華川発電所（出力9万 KW）は38度線のわずかに北に位置するが, 送電は京城・仁川向けであったので, 南朝鮮に含めた.
出所：前掲, 木村・安部, 116頁.

表5-2　鉄道網の比較, 北・南朝鮮, 内地, 1945年

	A. 鉄道総延長（km）	B. 1人当たり鉄道延長（km）	C. 国土面積（千 km^2）	D. 平方キロ当たり鉄道延長（km）
北朝鮮	4,009	0.43	121	0.033
南朝鮮	2,488	0.16	99	0.025
内地	25,380	0.35	370	0.069

注：A. 内地―営業キロ, 北・南朝鮮―開業線・休止線の合計キロ. C. 北・南朝鮮―1950年以降の軍事境界線以北, 以南. Aで, 38度線から京城までの区間が北朝鮮の鉄道延長に含まれている. このため北朝鮮の鉄道総延長が過大, 南のそれが過小評価になっている. Cでは便宜的に, 38度線ではなく, 軍事境界線で区切った国土面積を採用している. しかしこれらの誤差はいずれも, 大きなものではない.
出所：同前, 119頁.

表5-3　南北の産業別電力消費量, 1944年　（百万 KWH）

	紡織工業	金属工業	機械器具工業	窯業	化学工業	食料品工業	鉱業	その他を含む合計
北朝鮮	5	105	5	35	1,297	10	116	1,608
南朝鮮	30	14	29	2	8	29	35	181
合計	35	119	34	37	1,305	39	151	1,789

注：電力契約者を業種別に分類した消費量. その他は, 製材, 印刷・製本, 農業, 水産業, 雑工業など. 原資料には明記されていないが, 契約者数のデータ（総数4.5万）からみて, 家庭の消費量は含まれていないと推測する.
出所：前掲, 朝鮮銀行調査部, III―174-177頁.

礬石など数種にすぎない。無煙炭、重石、金銀鉱は南北朝鮮に広く分布したが、北朝鮮のほうが多い。大半の重要鉱物は北朝鮮でのみ生産された。それらは、鉄、マグネサイト、重晶石、雲母、リンのほか、ウラン、セリウム、ジルコン、チタンなどの希少金属を含んでいた。データ欠落のため、日本の敗戦時の南北別工業生産能力を正確に示すことはできない。ここでは、一九四四年の各部門の電力消費量にもとづいて、その概況を観察する（表5－3）。

これによると、全電力の九〇％は北朝鮮で消費されている。そのうち化学工業が八〇％を占めた。南が北より多かった部門は、紡織工業、機械器具工業、食料品工業である。しかしこれら三部門の消費量を合計しても、北の金属工業一部門に及ばない。このように、北朝鮮は重化学工業で南朝鮮を完全に圧倒していた。

前章でくわしくみたように北朝鮮の重化学工業は戦時末期には全面的に軍需に向けられていたから、帝国日本は北朝鮮に、巨大な軍事工業遺産を残したことになる。

生存を保障する食糧生産能力

農業は年によって豊凶の差が大きいので、その生産能力を的確に示すことは難しい。

すでに述べたように、米については、日本統治期をつうじて北朝鮮で生産増加率が高かった。しかし、生産量で北が南を超えることはなかった。一九三〇年代後半以降、平年で、北朝鮮の米の生産能力が南朝鮮の三〇―四〇%であったと想定すると、人口は北が南のおよそ半分であったから、一人当たりでも南が優位性を保っていた。

食糧作物全体（米、麦、雑穀、豆、イモ）をとると事情は異なる。北のそれら生産能力は南の半分を少し上回った。これは、北の雑穀とジャガイモ生産が相対的に大きかったからである。その結果、一人当たりの食糧生産能力は、北が南を凌駕《りょうが》していた。

一九四二―四四年、北朝鮮の一人当たり食糧生産は、落ち込んでいたとはいえ、年平均、約二六〇キログラム、一日当たり換算では七〇〇グラムである。これは、もし全量が住民の消費に充当されるならば、飢餓が生じる水準ではない。

つまり、帝国日本が崩壊した後、北朝鮮には、住民に生存を保障する食糧生産能力が残されたのである。

2 戦時期との連続・断絶

北朝鮮の連続性、南朝鮮の非連続性

日本の敗戦後、朝鮮は北緯三八度線を境に、北はソ連軍、南は米軍の占領下に置かれた。軍政下と国家樹立後の南北について、一般に、人的側面に注目して、南での連続性、北で

の非連続性が説かれる。たしかに南では、対日協力者、いわゆる親日派が、戦後の政治、社会、経済各界で力をふるった。新たな政治指導者として登場した李承晩《りしょうばん》《イスンマン》や金九《キムグ》は、前者は米国、後者は中国で反日独立活動を行っていた点で例外的な存在である。

対照的に北では、日本統治下の朝鮮人有力者層が徹底的に排除された。朝鮮王朝時代から農村で権勢を誇った地主は、土地改革（一九四六年三月）によって遠隔地に追放された。

企業経営者など都市の富裕層の力を奪う方策は、貨幣改革（一九四七年一二月）であった。この改革は旧貨幣（朝鮮銀行券）に代え、新貨幣を発行するものであった。軍政当局はこれを周到・秘密裡《り》に準備し、突然実施した。交換額には厳しい上限が設けられ、多額の旧貨幣所有者は財産を失った。

政治指導者の地位には、それまでまったく表に出ていなかった共産主義者が就いた。彼らは日本統治期、ソ連や中国、満洲に逃れていたり、内地・朝鮮内で潜行していた者である。

こうした事実はもとより重要であるが、以下ではそれとは異なる側面、すなわち北朝鮮における連続性、南朝鮮における非連続性について述べよう。

イデオロギー――全体主義と自由主義

〈北〉

共産主義（マルキシズム）と反共的国家主義（ファシズム）はまったく相反する思想のようにみえる。しかし全体主義（totalitarianism あるいは collectivism）という点では、そうではない。全体主義の核心は、個人の自由な政治・経済活動を禁じ、国家にすべての権力を集中することである。共産主義と反共的国家主義は、この特徴を共有する。

これは、戦前日本の国家主義者が共産主義にたいして、敵対心と同時に親近感を覚えたことからも、理解できる。つぎに記す宮崎正義（関東軍と組んで満洲の経済運営を企画・推進した日満財政経済研究会の指導者）の言葉は、非常に示唆的である。

> マルクス主義思想は我国思想界に一大衝動を与え、政治、経済、文化の各層に未曽有の影響を与えた。その思想は我国の有識階級の間に浸潤瀰漫《びまん》し、其《その》革命理論は科学的なるものとの印象を与え……一部分子には最も権威ある改造理論として考えられ狂信せられた。又一方右翼分子に至るまでマルクス主義を否定しながら、其国家改造論に於て多分にマルクス主義の影響及び支配を受け、其極右なるものの如《ごと》き極左を隔つること僅《わずか》に紙一重と見られるものすら少なくない。

（宮崎『東亜聯盟論』一二四頁、原文を現代かな・漢字に修正）

戦時末期、日満財政経済研究会は独自の国家改革案を構想し、一部軍人の賛同を得た。それは農業集団化を含み、共産主義とほとんど異ならなかった。反共的国家主義は、過激になるほど共産主義との類似性を増したのである。

帝国崩壊後の北朝鮮では、大きな混乱なしに政治体制の転換が進んだ。その要因のひとつがここにある。体制転換は、統治の理念あるいは精神の根本的変革を必要としなかったのである。

戦前朝鮮には、内地以上に自由主義の精神が乏しかった。戦時期、それまでにかなりの発展をとげた市場経済・自由企業制度が破壊されると、全体主義が政治、社会、思想、そして経済を支配した。この上に、ソ連が共産主義を移植した。それゆえ、相対的に少数の異分子、すなわち自由主義的知識人、宗教信者とくにキリスト教徒、企業者を放逐すれば、北朝鮮内部に体制を揺るがすものは残らなかった。

このように戦時・戦後北朝鮮は、全体主義イデオロギーの点で連続していた。

〈南〉

南では米軍政が帝国日本の全体主義の解体、自由主義（および民主主義）の移植・奨励を図り、その後、基本的に同様の考えをもつ李承晩（米国で高等教育を受けた反共自由主義者）が政権を担った。これは統治理念の全面的な転換が図られたことを意味する。

この転換は、南の脱植民地化過程が北に比べてはるかに大きな混乱をともなった基本的な要因である。

南では、自由主義、共産主義、反共国家主義、伝統・復古主義などさまざまな思想および宗教の影響を受けた諸勢力が興り、相互に競いあった。彼らの利害はしばしば鋭く対立し、深刻な社会分裂を招いた。

李承晩は、独裁的な権力を行使して反対勢力、とくに共産主義勢力を抑えたが、対立、分裂を鎮めることはできなかった。

そうしたなか、一九六一年、朴正煕《ぼくせいき》《パクチョンヒ》が軍事クーデターを起こし、政権を握った。

朴は、強い国家の再構築を目指して、南の自由主義体制にたいし修正を企てた。彼は一方で国家主導の工業化や銀行の国有化を進め、他方でセマウル（新しき村）運動に代表される国民的精神運動を展開した。この朴の政策には、戦時期帝国日本および戦後北朝鮮におけるそれとの類似がみられる。

朴は、満洲軍官学校、帝国日本の陸軍士官学校で教育・訓練を受けた軍人であり、帝国日本の支配にたいして、つよい敵意とともに敬意を抱いていた。クーデターをはじめ、朴の発想・行動・統治手法に旧日本軍部の影響がみられるのは、こうした個人的資質に負うところが大きい。

しかし、旧日本軍部の影響を過大評価すべきではない。朴は同時に、明治維新や第三世界の革命から多くを学んだ。短期間ではあるが、米国留学も経験している（一九五四年）。彼が学んだものは、金日成《きんにっせい》《キムイルソン》が学んだものとは大きく異なる。実際、朴政権下で全体主義や個人崇拝が社会を支配したわけではない。朴は反共であれば多様な価値観を許容した。

国民の間では、一九七九年に朴政権が突然崩壊する以前から、米国の影響を受けて、自由主義的な考え、公然たる民主化の要求が強まりつつあった。この流れはその後、韓国の政治・社会を支配していく。これは、北と対照的な体制転換を試みた南が、一九四五年八月以降大きな混乱を経ながら、数十年後にようやくそれを確立したことを意味する。

統制経済と市場経済

〈北〉

ソ連軍政下の北朝鮮で採られたのは、戦時期に帝国日本が追求した統制政策である。

この政策は、もともとソ連の影響を受けて構想された。主導者は、いわゆる陸軍統制派およびそれと結びついた革新官僚である。彼らは、よく知られるように、一九三〇年代に進行したソ連（およびナチス）の政治・経済統制や計画化について研究し、それを満洲、さらに帝国日本で実施した。それゆえ、ソ連軍政当局にとって、北朝鮮で行われていた統制政策は馴染み深いものだった。

ソ連軍政当局は一九四六年八月、主要な旧日本企業をすべて国有化した。中小商工業者には当初、営業を許可した。それは、ソ連軍の統治にたいする住民の反感を和らげるための一時的・戦術的方策であった。

土地改革は、小作農民の共感を得るために、「進歩的民主主義社会の物質的土台」であると宣伝した。政府による土地取り上げを連想させる社会主義という言葉は、意図的に避けられたのである。これは当時の北朝鮮の内部文書にはっきり書かれている（朝鮮共産党北朝鮮分局宣伝部『北朝鮮土地改革に対する解釈』五頁）。

改革の結果、小作農民は土地所有権を得たが、それが形式的なものにすぎないとわかるのに時間はかからなかった。農地の売買・貸与が禁止されただけでなく、作物の選択や収穫物の販売に厳しい制限が課されたからである。

土地改革はこの点で、戦時末期、帝国日本の土地所有制度変革の動きと軌を一にしている。

ソ連軍政の目標は経済全般の統制強化、全資産の国有化であり、土地改革はその重要かつ大きな一歩であった。

国家樹立後、金日成政権はこの政策の継承・発展を図った。朝鮮戦争後には、農業および中小商工業の集団化を推進し、経済の全部門を国家の支配下に置いた。これによって、人的・物的資源の国家総動員体制が完成する。すなわち、戦時期に帝国日本の一部軍人・官僚が目指した経済体制の変革が、戦後、金日成政権の手によって実現したのである。

〈南〉

南に軍政を敷いた米軍は、当初多くの統制を廃止し、市場経済の全面的復活を試みた。「帰属財産」と呼ばれた旧日本人企業・工場の民間払下げ、糧穀売買の自由化政策はその一環である。

帰属財産の払下げは、買い手の選定や価格設定をめぐって大きな政治的な問題を引き起こしたが、市場経済の発展を目指す米軍政はこの方針を変えなかった。

自由化政策はその後まもなく（一九四五年秋以降）撤回され、糧穀の収買（国家による強制買上げ）と配給が広く実施された。これは一見、北の糧穀管理と類似する。しかしその基本姿勢は異なっていた。自由な取引を理想としても、生存に不可欠な財の供給が欠乏するばあいは、一定の流通・消費統制が必要となる。米軍政の意図はあくまで、都市住民に最低限の糧穀を保障する点にあり、統制経済の再構築にあったのではない。

李承晩の経済政策は、一般に理解されるような自由放任ではなく、米軍政のそれより広範な統制を許容した。しかし市場経済を基盤とした点では、異ならない。

朴正熙政権は、経済への積極的な国家介入を行ったとはいえ、それは決して私有財産制度を否定するものではなかった。政権には米国で教育を受けた多くの官僚を加え、基本的に市場に依拠する経済政策を推進したのである。

軍事化と非軍事化

〈北〉

ソ連軍政とそれに続く金日成政権の経済建設の柱は、帝国日本が残した軍事工業の活用と発展であった。

ソ連占領軍は北朝鮮各地で、穀物、工業原料・製品・半製品在庫を奪取し本国に送った。工業設備も解体しもち去った。しかしそれは初期にとどまり、規模も限定的であった（この点で満洲、東ドイツと異なる）。その後は、抑留日本人技術者を使役し、産業の復興を図った。

金日成は、一九四五年九月にソ連軍とともに北朝鮮に入ると、日本が残した諸工場を精力的に視察する。なかでもいちはやく、平壌兵器製造所に注目し、その拡充を企てた。

国家成立後、金日成政権は軍備拡充に多大な努力を傾けた。一九四九年には、元山造船所で初の海上警備艦を建造している。この造船所は、戦前の朝鮮造船工業元山造船所を継承したものだった。警備艦の鉄板を製造したのは、黄海製鉄所（旧日本製鉄兼二浦製鉄所）である。

一九四九年三月、金日成はソ連を訪問し、「朝ソ経済文化協力協定」を結ぶ。これには秘密協定が付属しており、そのなかでソ連は、北朝鮮への大量の兵器の供給に同意していた。TNT火薬工場、地下兵器工場の建設についても、支援を約束した。

金日成は他方で鉱物、とくに鉛・亜鉛の増産を命じた。鉛・亜鉛は国産兵器の原料として必須であった。そればかりではない。対ソ輸出品としても重要だった。

ソ連は兵器、資本財、技術指導を無償で提供したのではない。その対価を要求したのである。金日成政権はその支払いのために、鉛・亜鉛の対ソ輸出を増やさなければならなかった。同様に、モナザイト、コロンブ石も大量に輸出された。ソ連は、北朝鮮産のこれらウラン鉱を原爆製造に利用したといわれる（下斗米『アジア冷戦史』三一頁）。

一九五〇年六月、朝鮮人民軍が三八度線を越え、韓国に侵攻した（名目は、韓国からの侵略にたいする祖国防衛戦争）。これは、国産およびソ連製の兵器を備え、かつ、北朝鮮を支える二つの共産主義国家、ソ連と中国の了解を得たうえでの行動であった。

今日、多くの研究文献には、金日成は朝鮮戦争後に「全国土の要塞化《ようさい》」路線を打ち出し、地下施設の建設を推進したと書かれている。しかし実際には、この動きは朝鮮戦争中に始まっていた。のみならずそれは、そもそも帝国日本が遂行した軍事政策の一部にほかならなかった。

金日成はさらに、核開発につよい関心を抱いた。それは、彼の軍事優先主義、対南赤化統一政策のもとでは、むしろ当然である。彼の目には、ウラン鉱開発と重化学工業という帝国日本の遺産によって、この事業が十分に実現可能と映ったであろう。

朝鮮戦争後、金日成はソ連との間で、核研究協力にかんする合意文書に調印し、何人かの研究者をモスクワ郊外の核研究所に派遣する。また一九五七年頃、戦前日本で学んだ北朝鮮の物理学者が、東京大学に原子力研究の共同研究を申し入れた（『公安調査月報』第六巻第五号、一九五七年、一一一頁）。これらの情報は、金日成が一九五〇年代後半、すでに核開発を構想していたことを裏づける。

〈南〉

米占領軍の基本方針は、帝国日本の非軍事化であった。米軍は、日本で行ったように、南朝鮮で軍事工業の解体、民需中心の経済への転換を進めた。これを象徴するのが、三菱製鋼仁川製作所の兵器用鋼製造設備・製品の破棄命令である。

米軍は、仁川陸軍造兵廠内の兵器と弾薬も廃棄させた。朝鮮機械製作所には、兵器製造から小型汽船製造への転換を指示した。日本人技術者は早期に帰国させた。彼らの引揚げは、南の産業復興を遅らせる一因となる。旧日本企業の無秩序な民間払下げが、それを深刻化させた。

南で兵器工場の再整備が行われたのは、一九四八年八月の国家樹立後である。仁川の旧朝鮮油脂火薬工場はようやく一九四九年に、陸軍兵器工場に編成された。兵器廠全体の組織の確立はさらに遅く、一九五〇年に入ってからである。

米軍の撤退と自らの軍備の後れは、北による侵攻を誘発する大きな要因となった。

その後、南にとって、北の軍事・非軍事攻勢に対抗する体制を構築することが、国家存亡を左右する第一の政治課題となる。それは、朴正熙による軍事政権の誕生を待たねばならなかった。

3　北の長期停滞と南の奇跡的繁栄

対照的な戦後の歩み

戦後北朝鮮は帝国日本から、巨大な産業遺産とともに、戦時期の全体主義と統制経済を継承し、これを社会主義あるいは共産主義の名のもとに、国家運営の基礎とした。全体主義は、共産主義であれ、反共国家主義であれ、軍事優先、対外拡張主義を特徴とする。これは、スターリン支配下のソ連とナチスドイツで顕著であり、一九三〇年代後半―四〇年代の帝国日本にもみられる。

金日成政権は、ソ連およびこの時期の帝国日本の影響下、独自の朝鮮的要素（儒教的伝統主義）を加えながら、軍事優先の国家体制構築を進めた。政権は、軍事攻撃による南への体制拡張に失敗したのちも、テロや政治工作を通じて対南攻勢を継続する。政権の継承者、金正日《キムジョンイル》は「先軍政治」を掲げ、いっそうの軍事強化とくに核ミサイル開発に邁進《まいしん》した。

この間、日本統治期の産業遺産とくに大規模発電所、化学コンビナート、製鉄所は北の経済の根幹であり続けた。しかし軍事に偏重した非生産的投資と、統制にともなう非効率は、経済を長期停滞に陥《おとしい》れた。

くわえて政権は、各部門に無秩序な増産命令を乱発する一方、自らは奢侈《しゃし》的および権力を誇示する消費を繰り返した。その結果、経済の計画化は名ばかりとなり、市場経済抑圧のもとで、住民の間では生活維持のため、自給自足への退行が生じた。

南もまた日本統治から産業遺産を継承した。電力、重化学工業では北と比較にならなかったが、交通・通信、軽工業、農業（また、本書では触れなかった商業や水産業）では決して小さくなかった。人的資本を含めれば、さらに大きい。

南は日本統治末期の体制から転換を図り、市場経済をつうじてこれらの遺産をフルに活用した。さらに朴政権のすぐれたリーダーシップのもと、先進国から大規模に資金、技術を導入し、貿易の利益を最大限に生かした経済を築いた。この戦略は、時代あるいは宗主国・植民地の違いを超えた普遍的な発展モデルに従うものである。南はこうして、朝鮮戦争の荒廃から奇跡的な繁栄への道を歩んだのである。

コラム④

京城帝国大学のローマ法図書遺産

敗戦時、京城帝国大学は法文学部、医学部、理工学部からなっていた。その後、ソウル大学が発足し、京城帝国大学の人的、物的遺産を継承した。ここでは、そのなかで、船田《ふなだ》享《きょう》二《じ》教授が残したローマ法図書を紹介する。

船田享二（一八九八―一九七〇）は東京帝国大学法学部を卒業後、一九二六年、京城帝国大学法文学部助教授、二八年、同教授となった。出身は栃木県宇都宮市、父の船田兵吾《ひょうご》は現・作新学院の創設者、兄は政治家の船田中《なか》（戦前・戦後に衆議院議員、一九六〇―七〇年代に衆議院議長）、弟は同じく政治家の藤枝泉介《ふじえだせんすけ》（戦後、衆議院議員、運輸大臣・自治大臣・衆議院副議長を歴任）である。

享二は京城帝国大学でローマ法の研究を行い、一九四三―四四年、著書『羅馬法《ローマ》』を刊行した。これは全五巻に及ぶ大作で、刊行後、「[著者の]努力とエネルギーは驚嘆の外なく……一般学界、従って法学界に対しても、大きな衝動を与えずには措《お》かない……我が国は勿《もち》論《ろん》のこと、世界的に謂《い》っても、斯《か》かる厖大《ぼうだい》な著書は一寸《ちょっと》匹敵するものがない」と評された

（原田「船田享二『羅馬法』全五巻」三三頁）。

同書は、膨大なヨーロッパ各国語文献を参照している。それらのなかでとくに貴重だったのは、もともとドイツとオーストリアの著名な法学者が所有していた蔵書である。それを一九三七年に享二が入手し、京城帝国大学図書館に納めた。入手の経緯ははっきりしないが、第一次世界大戦後、戦争賠償金の代わりに日本がドイツから得たのが初めと伝えられる（対独賠償代替品として、わが国が船舶、染料、無線機を受領したことは、『朝日新聞』一九二二年六月一五日、二六年四月二日の記事で確認できるので、書籍も得た可能性は十分にある）。これら蔵書の総数はおよそ七五〇〇冊にのぼる。今日までソウル大学図書館が収蔵し、世界の法学界に誇る資産といわれている。

享二自身は敗戦後、日本に帰還し、一九四六年、公職追放された兄の地盤を継いで衆議院議員となった。兄の復帰後は学界に戻り、一九六八年に前記『羅馬法』の改訂版、『ローマ法』を出版する。それは戦前同様、高い評価を受けた。

終章

朝鮮統治から日本は何を得たのか

統計データは何を語るか

この章では、ここまでと違った角度から日本の朝鮮統治について考えたい。それは、朝鮮統治が日本にどのような利害得失を与えたのかという問題である。これは、日本統治下の朝鮮という本書の主題と表裏一体をなすものといえよう。

この問題には従来、少なからぬ人びとが関心を寄せ、議論を展開してきた。そこには、鋭い対立がみられる。一方には、日本は朝鮮統治から大きな利益を得たとの主張があり、他方には、いやそうではない、統治はむしろ費用が嵩み、負担だった、との反論がある。

どちらが正しいのだろうか。

これに答えるのは簡単ではない。「日本」は経済的に同質の集団からなるわけではない。利益あるいは費用が生じたといっても、それは誰に帰属したのか。投資者（資本家）なのか、経営者なのか、労働者なのかなど、互いに利益・不利益が異なり得る。利害を異にする集団あるいは主体ごとに調べなければ、朝鮮統治の利益・不利益について正確な理解は得られない。

宗主国と植民地の間には通常、貿易、投資、労働移動など経済諸関係が発展する。日本と朝鮮のばあいも同様である。それぞれは、日本（内地）の各層、各員にどのような影響を与えたのか。

以下では統計データをもとに、前記の諸関係から生じた利害を、製造業者、農業者、労働者、投資者、政府に分けて検討する。対象時期はデータの制約から、一九一〇—三九年に限る。

表6-1　内地の製造業：生産と輸移出

1．全体（百万円）

	A．生産額	B．輸移出額	C．B/A（%）	D．対朝鮮移出額	E．D/A（%）
1912	2,496	478	19.2	29	1.2
1925	10,100	2,234	22.1	167	1.7
1935	14,968	2,697	18.0	429	2.9

2．綿工業（百万円）

	A．生産額	B．輸移出額	C．B/A（%）	D．対朝鮮移出額	E．D/A（%）
1912	345	96	27.8	12	3.5
1925	1,553	632	40.7	55	3.5
1935	1,617	600	37.1	69	4.3

出所：行沢・前田『日本貿易の長期統計』116，118，120，141，151，161頁，篠原『長期経済統計10　鉱工業』143，189，195頁.

内地・朝鮮間の貿易

内地の製造業者は輸出（移出）先として、朝鮮市場を独占することによって利益を上げたといわれる。はたして、朝鮮はどれほど重要な製品市場だったのか。

内地の製造業全体をとると、一九一〇年代—三〇年代、製品の大半、八〇%は内地市場向けである（表6—1—1）。言い換えれば、輸移出市場の割合は二〇%だった。さらに、朝鮮市場の割合は、一九一〇年代以降上昇したものの、三五年でも約三%にすぎない。

このデータは、朝鮮市場が内地製造業にとって重要であったという説を否定する。もちろん、個別にみれば、朝鮮市場への依存度が高かった業界を見出すことはできる。しかし、しばしばいわれる綿工業をとっても、併合以降、朝鮮の市場が重要だったとはいえない（同1－2）。同工業は戦前日本の主要輸出産業の地位を占めていたが、主たる市場は中国、英領インド、東南アジアであり、朝鮮ではない。

表6-2 米：内地の生産と対朝鮮移入（千トン）

	A. 生産量	B. 対朝鮮移入量	C. B/A(%)
1915	8,006	248	3.1
1925	8,692	780	9.0
1935	9,396	1,273	13.5

注：表記年を中心にした5ヵ年平均値.
出所：朝鮮総督府農林局『農業統計表　昭和十五年』80頁，農政調査会編『改訂　日本農業基礎統計』194-195頁.

農業者と労働者の場合

逆に、朝鮮からの輸入（移入）によって内地市場を侵食されたのは、農業とりわけ米作農業（輸入競争産業）である。

朝鮮からの米の移入は一九一五年前後、内地生産の三％であったが、以後、急上昇し、三五年前後には一三％を超える（表6－2）。

朝鮮米の流入は、米価を押し下げる要因となった。これによって内地の米作農家（地主・耕作農民）が大きな打撃を受けたことは明らかである。それゆえにこそ、彼らは大量（かつ無制限）の朝鮮米流入につよく反対し、政治力を行使してこれに歯止めをかけようとしたのである。彼らにとって、「朝鮮産米増殖計画」の中断はその成果であった（第2章参照）。

物価下落は、他の条件が一定ならば、消費者には恩恵となる。戦前、一般労働者にとって米価の動向は、現代とは比較にならないほど重要であった。家計消費に占める食物消費の割合（エンゲル係数）が高かったうえ、米は主食として欠かせなかったからである。

この場合、もし米価に賃金が連動し、米価が下がると賃金も下がるという関係があれば、低米価の恩恵を受けるのは労働者ではなく、経営者（雇用者）である。一九二〇―三〇年代の日本の工業化をめぐる議論で、しばしばこの連動性が指摘され、外地米（朝鮮米・台湾米）の流入が工業化促進要因となったと主張される。

しかしこの主張は、厳密な統計的テストを経たものではなく、筆者が行ったテストによれば、同時期、米価と賃金の有意な相関は検出されなかった（詳細については、巻末参考文献中のKimura論文をみられたい）。結局、朝鮮米の流入からの受益者は経営者ではなく、労働者であった。

投資は内地に巨額の利益を生んだか

内地人投資者は対朝鮮投資から高利潤を上げたといわれる。

表6-3　朝鮮の対外投資収益支払と内地の所得

（百万円）

	1930	1935	1939
A. 対外投資収益支払	54.1	74.7	105.3
B. 国民所得	11,740	14,440	25,354
C. A/B（%）	0.46	0.52	0.42
D. 財産所得（非農業）	4,210	5,017	9,129
E. A/D（%）	1.29	1.49	1.16

注：国民所得は要素費用表示の国民純生産．財産所得は，農業以外の産業の総所得から賃金所得を差し引いた額．
出所：前掲，大川他，201頁，Ohkawa and Shinohara eds., *Patterns of Japanese Economic Development*, p. 380，山本『日本植民地経済史研究』273-275頁．

土地投資はその代表例である。優良水田地帯で土地を購入し、高率の小作料を得る農業経営は初期、一〇—二〇%の利益率をもたらした。この利益率は徐々に低下したが、それでも一九三〇年代、一〇%近くの水準を維持した。それは内地の同種投資に倍する高さであった。

内地からの投資額は一九一〇—三〇年代、大きく増加し、これにともない内地への利子・利潤送金額も増加した。しかしそれが内地の国民所得を大幅に増やしたかと問えば、そうではない。

朝鮮の対外投資収益支払額（すべて内地向けとみなす）は一九三〇年代、内地の国民所得の〇・五%未満、非農業部門の財産（利潤・利子）所得に対しても、一・五%未満にすぎない（表6－3）。これはそもそも、内地の経済規模に比せば、対朝鮮投資が多額ではなかったからである。

内地への出稼ぎと渡鮮内地人

朝鮮人の内地への出稼ぎ・移民は、第一次世界大戦以降増加し、一九三〇年代に加速する。一九三九年、内地在住朝鮮人総数はおよそ一〇〇万人に達した。これは一見、膨大であるが、内地の総人口、七〇〇〇万に対し一・五%にすぎず、内地労働市場に影響を与える規模ではない。

地域的には、相当な数の朝鮮人が大阪近辺に住み、低賃金の単純労働に従事した。一九三〇年、大阪の道路・鉄道建設労働者の三割は朝鮮人だった。これは、建設労働者の賃金水準を引下げるのに十分な大きさである。しかし大阪でも、同年、全労働人口に占める朝鮮人の割合は二%にすぎず、労働市場全体に影響が及んだとはいえない。

内地から朝鮮への労働移動はどうか。明治期、とくに一八八〇年代頃から、政府は国内の人口過剰を問題視するようになる。耕地が少ないにもかかわらず、毎年数十万人も人口が増えていたからである。

政府は併合後、朝鮮への農業移民を奨励したが、この政策は続かなかった。それは、各種調査によって、朝鮮は広大な未墾地をもつ地域ではなく、むしろ内地とさほど変わらないほど人口稠密であるとわかったからだ。

朝鮮には併合前から、一攫《いっかく》千金を狙ったいわゆる一旗組を含め、雑多な内地人が在住した。

併合後は、官吏、会社員といった在住内地人が増えた。彼らは宗主国民として、朝鮮社会で上層階級を構成し、経済的にも恵まれた存在となる。その平均所得は、内地の一般庶民のそれよりはるかに高かった。

このように、朝鮮に渡った内地人は一般に、朝鮮統治の受益者であったといえるが、その総数は多くない。一九三九年、朝鮮在住内地人総数は六五万人で、内地総人口の一％未満にすぎなかった。

政府負担は大きかったか

今まで述べてきたように、日本政府は一般会計から総督府特別会計に補充金を繰入れた。これは朝鮮統治の一費用である。そのほかの統治費用（一般会計からの直接支出金）には、総督府官吏の恩給、軍事費があった。

一九三〇年代に入ると総督府が恩給、軍事費の一部を負担したため、その額を控除し、日本政府が負担した費用の純額を示す（表6－4、A欄）。これを政府一般会計歳出総額と比較すると、一九一〇年代前半が三・五％と最高で、その後は、二〇年代、二％、三〇年代後半、〇・四％と低下する。このように、日本政府にとって朝鮮統治の財政負担割合は、後期にはとるに足りない値になった。

表6-4　朝鮮統治のための日本政府の財政負担（百万円）

	1910-14	1915-19	1920-24	1925-29	1930-34	1935-39
A. 負担額	20.7	15.2	33.1	34.9	28.4	11.4
B. 一般会計歳出総額	594.0	819.7	1,485.1	1,684.1	1,880.5	2,995.9
C. A/B（%）	3.5	1.9	2.2	2.1	1.5	0.4

注：負担額の内容は本文参照．A，Bとも年平均額．
出所：同前，山本，268-275頁，日本銀行『明治以降　本邦主要経済統計』130-132頁．

政府の負担は租税負担として国民に課せられるが、国民所得に対するその比率はいっそう小さい（表には示していない）。

領有の動因

日本統治期、朝鮮の総人口は内地総人口のおよそ三割だった。この数値だけをとれば、内地にとって朝鮮は経済的にきわめて重要な地域であったようにみえるかもしれない。しかしここで検討した一九三九年以前は、そうではなかった。米の輸出を除けば、朝鮮経済が内地経済に与えたインパクトは大きくなかった。

かつてわが国の学界ではレーニンの帝国主義論が盛行した。それは、マルクスの経済決定論にもとづき、かつホブソンの帝国主義論を借用し、高度に発展した資本主義国が、過剰資本の投下先を求めて海外植民地を領有すると主張した。この理論は、日本と朝鮮の関係には妥当しない。日本は後れた資本主義国にすぎず、国内に過剰資本が蓄積されていたわけではない。むしろ資本不足が常態だった。

日本の朝鮮領有は、経済決定論では説明できない。それはすぐれて政治的な動機にもとづいていた。明治維新以来の東アジアの国際情勢を観察すれば、日本が基本的に、自らの安全保障を求めて朝鮮を領有するに至ったことは明らかである。

悲劇的な結末

総合的にみれば、日本は朝鮮を、比較的低コストで巧みに統治したといえよう。巧みに、というのは、治安の維持に成功するとともに経済成長（近代化と言い換えてもよい）を促進したからである。

しかし、一九四〇年代に入ると、米国との戦争が状況を一変させた。日本は絶望的な総力戦に突入し、朝鮮を巻き込んだ。現代につながる日韓の歴史問題、たとえば「従軍」慰安婦や労働者の徴用問題は、多く、この時期に根源がある。

結局、敗戦により、日本は朝鮮の統治権を失った。朝鮮在住日本人は、軍人・軍属、官吏だけでなく民間人も、地位、財産をすべて喪失した。北朝鮮では、多くの生命すら失われている。彼らは、引揚げという名目の追放処分を受け、身ひとつで故国に帰還することを余儀なくされた。こうして、彼らは最終的に、日本の朝鮮統治の受益者から一転、最大の被損失者となったのである。

コラム⑤

韓国の反・植民地近代化論――韓永愚教授の著作から

韓国では近年、自らをニューライト（新右派）と呼ぶ知識人グループが、日本統治下朝鮮の近代化を積極的に主張している。左派や民族主義的傾向のつよい人びとは、これに激しく反発する。

韓国近現代史の代表的学者、韓永愚《ハンヨンウ》氏（ソウル大学名誉教授）は、後者の人びととは距離を置く半面、ニューライトの考えを真っ向から否定する。

韓氏は最新著で、冒頭、自らの基本的考えを要約し、つぎのように述べる。「日帝強占期［日本統治期］を『近代化』とみて、それが基礎となり大韓民国の産業化や近代化が可能となったと考える一部ニューライトの学説は、まったく間違っている。もしそれが事実ならば、日帝強占期に産業施設が多かった北韓［北朝鮮］の経済がなぜ、産業施設が劣悪だった南韓に後れをとったのか説明できない」（『未来を開くわが近現代史』経世院、ソウル、二〇一六年、八頁）。

韓永愚氏は、ある国の経済の発展・停滞が、前代の遺産だけで決まると考えているのだろうか。前記の文章を読むかぎりそうとれる。しかし明らかに、そのようなことはあり得ない。実際、韓氏自身、同著の第3章で戦後北朝鮮経済の停滞に触れ、産業の社会主義化によって［労働者の］生産意欲が減退したといった問題点を指摘しているのである。

韓氏の植民地近代化論批判は徹底している。「『植民地近代化』という言葉も矛盾である。近代化の核心は『近代国民国家』である。そうであるのに、近代国民国家がなくなった『植民地』状態でどうして『近代化』があるのか。これはちょうど『醜い美女』という言葉のように前後が合致しない言葉である」（三〇〇頁）。

台湾のことを考えてみよう。台湾は日本の「植民地」支配を受けた。その下で何が起こったか。物的・制度的インフラや医療・衛生・教育機関の整備、工業化が進展した。今日、大多数の台湾人はこの変化を近代化と認識している。

台湾は戦後、大陸から来た蔣介石・経国率いる国民党の統治下に置かれた。本省人（以前から台湾に在住していた人びと）にとって、蔣時代は再び、外来勢力による統治期、すなわち第二の植民地期となった。それにもかかわらず、この時期、台湾経済は急速な発展をとげた。戦後台湾で近代化がいっそう進んだことは、誰しも認めるであろう。

このように、「植民地」で近代化が進むかどうかは、すぐれて実証的な問題であり、思弁的に決定されるものではない。

韓永愚氏のこの著作は、本書第3章のコラム②で取り上げた韓国歴史教科書と同様、米消費量にかんする誤ったデータを記しており（一二七頁）、この点でも実証性に欠けている。

あとがき

本書を分類すれば朝鮮近代史の書物となるだろう。今まで、このような書物の多くは歴史家によって書かれてきた。しかし私は歴史家として訓練を受けたわけではないし、現在も自らを歴史家とは思っていない。もともと私は学部のゼミではケインズ『一般理論』を読み、大学院では国際経済学、開発経済学（当時この学問分野は未確立で、呼称も経済開発論、発展論などさまざまだった）を専攻した。歴史は好きではあったが、深く勉強する考えはなかった。

それが変えられたのは、留学先のロンドン大学政治経済学部（LSE）で指導を受けたH・ミント先生によってである。先生はビルマ出身で、低開発国研究の泰斗《たいと》として世界で広く知られていた。その先生から、歴史を勉強しなさいと言われたときは驚いた。乗り気はしなかったが、せっかくロンドンまで来たのだからと、当時、成長が著しかった韓国経済について、戦前の状況を調べることにした。レポートを書いて先生に見せると、先生は褒めて下さった（それ以前、理論めいた内容のものを書いたときはまったく不機嫌だった）。

すぐれた経済学者は、歴史にくわしい。専門とはせずとも、また論文に書かずとも、歴史のことをよく知っている。ミント先生がそうだったし、LSEで接した他の先生もそうだった。歴史を知ってこそ、専門領域の研究に厚みが出る。そのことに気づかされた。指導を賜ったミント先生には大きな学恩を感じている。

私はその後、少しずつ戦前の朝鮮、台湾、日本の経済について勉強するようになった。本書はそれをまとめたものである。各章は私が過去に発表した著作にもとづいている。新たに書き下ろしたのは第1章（全体）と第2章（一部）だけである。それゆえ、すでに私の著作に触れて下さった専門家からみれば新規な内容はとくにないだろうが、日本の朝鮮統治および戦後へのその影響について総括的に論じた点で、本書に何らかの意義を見出していただければ幸いである（もちろん反論は少なくないだろうが）。

また一般の読者にたいしては、少しは興味深い議論を提示できたのではないかと考えている。歴史家ではなく、開発経済研究者が書いたので、従来の書物とは視点も違うし論じ方も違うであろう。それは長所にも、短所にもなり得る。少しでも長所が表れていることを願う。

これまでの研究の過程で多くの専門家の知遇を得、教えを受けた。朝鮮近代史の諸問題については、安秉直《アンビョンジク》先生（ソウル大学名誉教授）に初歩的なことから教えていただいた。そのほか、お名前はあげないが、教えて下さったお一人おひとりに深謝する。

本書の執筆を勧めて下さったのは猪木武徳先生（大阪大学名誉教授）である。先生には個人的に親しく接していただき多くのことを教わったのみならず、今まで拙著の刊行に際して大変お世話になった。今回も先生のご紹介により、本書を刊行することができた。先生にはまた丁寧なコメントもいただいた。厚く御礼申し上げる。

コラム⑤で取り上げた書物は、畑山康幸氏（東アジア現代文化研究センター代表）を通じて知った。原稿の整理、校閲には、君塚聖香さん、千葉舜彦君（当時、青山学院大学学部生、同院生）の助力を得た。松谷基和氏（東北学院大学准教授）からは、草稿段階でいくつかの問題点の指摘を受けた。長年の共同研究者、安部桂司氏はいつもながら、大学の研究者にはない発想と文献知識を分けてくれた。中央公論新社の白戸直人氏は、私の国語力の不足を補うとともに、新書作りの匠の技を見せて下さった。本書が少しでも読みやすくなったとすれば、それはひとえに氏のお蔭である。これらの方々に心より感謝申し上げる。最後に、褒め上手の妻陽子の協力と励ましに支えられたことを記し、彼女への謝意に代えたい。

＊　＊　＊

二〇一七年三月、ミント先生はバンコクで九七年に及ぶ生涯を閉じられた。

先生は穏健な自由主義者で、適切な政府介入と市場経済による発展戦略を説いた。しかし故国ビルマの軍事政権はビルマ型（仏教）社会主義を標榜し、厳しい経済統制を敷いた。その結果、経済は停滞し、国民は貧困から脱却し得なかった。先生が諦めの表情で「愚かな政府（Silly government）！」と言われたのを鮮明に記憶している。

先生との音信は、先生がＬＳＥを完全退職後、途絶えてしまったが、二〇一五年に、尾高煌之助先生（一橋大学名誉教授）を通じて復活することができた。尾高先生のご厚情に御礼申し上げる。

最晩年、限定的とはいえ民主化し開放政策に転じた故国を見ることができたのは、先生にとってまことに幸いだったと思う。お会いする機会は得られなかったが、先生のお気持ちに想いを馳せ、本書を先生に捧げたい。

二〇一七年師走朔日

青山の研究室にて

著　者　識

参考文献

以下では本書本文で直接参照したもののみ挙げる。
詳細な資料リストはとくに＊印の文献をみられたい。

本論

飯沼二郎「日帝下朝鮮における農業革命」飯沼二郎・姜在彦編『植民地期朝鮮の社会と抵抗』未来社、一九八二年

岩崎育夫・萩原宜之編『ASEAN諸国の官僚制』アジア経済研究所、一九九六年

梅村又次・溝口敏行編『旧日本植民地経済統計　推計と分析』東洋経済新報社、一九八八年

大川一司・高松信清・山本有造『長期経済統計1　国民所得』東洋経済新報社、一九八七年

大蔵省編『明治大正財政史　第一八巻　外地財政　上』経済往来社、一九五八年

岡本真希子『植民地官僚の政治史—朝鮮・台湾総督府と帝国日本』三元社、二〇〇八年

河合和男『朝鮮における産米増殖計画』未来社、一九八六年

木村光彦「植民地下朝鮮の棉作について」『アジア研究』第三〇巻第一号、一九八三年

同「植民地期朝鮮における生活水準の変化—身長データをめぐって」『大阪大学経済学』第四一巻第二・三号、一九九一年

＊同『北朝鮮の経済—起源・形成・崩壊』創文社、一九九九年

同『北朝鮮経済史　一九一〇—六〇』知泉書館、二〇一六年

＊同・安部桂司『北朝鮮の軍事工業化—帝国の戦争から金日成の戦争へ』知泉書館、二〇〇三年

姜在彦編『朝鮮における日窒コンツェルン』不二出版、一九八五年

金英姫（洪熒訳）『暴政による人間の退化—北韓社会の身体矮小に関する研究』統一日報社出版部、二〇一四年

金洛年編（文浩一・金承美訳）『植民地期朝鮮の国民経済計算　一九一〇—一九四五』東京大学出版会、二〇

○八年
篠原三代平『長期経済統計10　鉱工業』東洋経済新報社、一九八一年
下斗米伸夫『アジア冷戦史』中公新書、二〇〇四年
朱益鍾「植民地期朝鮮人の生活水準―論争の再検討」李大根他『新しい韓国経済発展史―朝鮮後期から二〇世紀高度成長まで』ナナム出版、二〇〇五年（韓国語）
全国経済調査機関聯合会朝鮮支部編『朝鮮経済年報　昭和十六・七年版』改造社、一九四三年
朝鮮共産党北朝鮮分局宣伝部『北朝鮮土地改革に対する解釈（草稿）』同部、一九四六年（朝鮮語）
朝鮮銀行調査部『朝鮮経済年報　一九四八年』同行、一九四八年
朝鮮総督府『朝鮮総督府統計年報　明治四十三年―昭和十七年』同府、一九一一―一九四四年
同『朝鮮総督府施政年報　大正十年度』同府、一九二二年
同『農業統計表　昭和十五年』同府、一九四四年
同編『増補　朝鮮総督府三十年史（1）―（3）』クレス出版、一九九九年
朝鮮農会『朝鮮農業発達史　政策篇』同会、一九四四年
同『同　発達篇』同
統監府『統監府統計年報　第一次―第三次』同府、一九〇七―一九一〇年
東畑精一・大川一司『朝鮮米穀経済論』日本学術振興会、一九三五年
同「朝鮮米穀経済論」河田嗣郎編『米穀経済の研究（1）』有斐閣、一九三九年
日本銀行『明治以降　本邦主要経済統計』同行、一九六六年
農林省熱帯農業研究センター編『旧朝鮮における日本の農業試験研究の成果』農林統計協会、一九七六年
萩原彦三「日本統治下の朝鮮における朝鮮語教育」友邦協会編『朝鮮近代史料研究―友邦シリーズ』第六巻、政治・法律ほか、クレス出版、二〇〇一年
同「朝鮮総督府官制とその行政機構」同
浜渦哲雄『英国紳士の植民地統治―インド高等文官への道』中公新書、一九九一年
平井廣一『日本植民地財政史研究』ミネルヴァ書房、一九九七年
朴慶植『日本帝国主義の朝鮮支配』上・下、青木書店、一九七三年
水田直昌監修『統監府時代の財政―朝鮮近代財政の地固め』友邦協会、一九七四年
同『総督府時代の財政―朝鮮近代財政の確立』友邦協会、一九七四年
宮崎正義『東亜聯盟論』改造社、一九三八年
山辺健太郎『日本統治下の朝鮮』岩波新書、一九七一年
山本有造『日本植民地経済史研究』名古屋大学出版会、一九九二年

行沢健三・前田昇三『日本貿易の長期統計―貿易構造史研究の基礎作業』同朋舎、一九七八年

吉田敬市『朝鮮水産開発史』朝水会、一九五四年

李榮薫（永島広紀訳）『大韓民国の物語』文藝春秋、二〇〇九年

李大根『帰属財産研究―植民地遺産と韓国経済の進路』イソプ、二〇一五年（韓国語）

李熒娘『植民地朝鮮の米と日本―米穀検査制度の展開過程』中央大学出版部、二〇一五年

林采成『戦時経済と鉄道運営―「植民地朝鮮」から「分断」韓国への歴史的経路を探る』東京大学出版会、二〇〇五年

渡辺利夫『開発経済学研究』東洋経済新報社、一九七八年

エッカート、カーター・J.（小谷まさ代訳）『日本帝国の申し子―高敞の金一族と韓国資本主義の植民地起源一八七六―一九四五』草思社、二〇〇四年

ミント、H.（木村修三・渡辺利夫訳）『開発途上国の経済学』東洋経済新報社、一九八一年

ヴィッカイザー、V. D.／ベネット、M. K.（玉井虎雄・弘田嘉男訳）『モンスーン・アジアの米穀経済』日本評論新社、一九五八年

Kimura, M., "Public Finance in Korea Under Japanese Rule: Deficit in the Colonial Account and Colonial Taxation," *Explorations in Economic History* 26, 1989.

*—, "The Economics of Japanese Imperialism in Korea, 1910-1939," *Economic History Review*, XLVIII, 3, 1995.

Ohkawa, K. and Shinohara, M. eds., *Patterns of Japanese Economic Development: A Comparative Appraisal*, Yale University Press, 1979.

Zhebin, Alexander, "A Political History of Soviet-North Korean Nuclear Cooperation," Moltz, J. C. and Mansourov, A. Y. eds., *The North Korean Nuclear Program: Security, Strategy, and New Perspectives from Russia*, Routledge, 2000.

『朝鮮農会報』

『公安調査月報』

コラム

渋谷禮治編『朝鮮技術家名簿』朝鮮工業協会、一九三九年（復刊、芳賀登他編『日本人物情報大系』第七八巻朝鮮篇八、皓星社、二〇〇一年）

宗像英二『未知を拓く　私の技術開発史』にっかん書房、二〇〇一年

許南整（堤一直訳）『混迷する日韓関係を打開せよ！―今こそ朴泰俊に学ぼう。朴泰俊が答えだ！』桜美林大学北東アジア総合研究所、二〇一六年

昭和塾友会編『回想の昭和塾』同会、一九九一年

大韓重石社史編纂委員会編『大韓重石七十年史』大韓重

石鉱業株式会社、一九八九年（韓国語）
崔鍾庫「ソウル大学校における京城帝大法学の遺産―法文学部法学科を中心に」国際日本文化研究センター国際研究集会報告書、第四二集、二〇一三年
佐藤篤士「船田享二著『ローマ法』第一巻（公法・法源）第二巻（私法第一分冊総論・物権）」『法制史研究』第一九七〇巻第二〇号、一九七〇年
原田慶吉「船田享二『羅馬法』全五巻」『国家学会雑誌』第六〇巻第四号、一九四六年

統領暗殺未遂事件）（10月）
1987 韓国，盧泰愚大統領候補，「民主化宣言」（6月）．
北朝鮮工作員，大韓航空機爆破（11月）
1991 金正日，朝鮮人民軍最高司令官就任（12月）
1994 金日成，死去（7月）
2006 北朝鮮，初の地下核実験に成功と発表（10月）
2011 金正日，死去（12月）

行（10月）．白茂線全通．軍需会社法施行（12月）

1945 国民勤労動員令施行（4月）．京城帝国大学付設大陸資源研究所発足（6月）．国民義勇隊朝鮮総司令部結団．国民総力朝鮮聯盟解散（7月）．ソ連，対日宣戦布告．満洲・北朝鮮・南樺太に侵攻（8月8－9日）．日本政府，連合国にポツダム宣言受諾を通告（8月14日）．ソ連軍，平壌を占領（8月20日頃）．マッカーサー，北緯38度線を境界として朝鮮を米ソ両軍が分割占領する旨，発表．南朝鮮，米軍政庁発足（9月）

1946 北朝鮮臨時人民委員会成立（委員長金日成）（2月）．北朝鮮，土地改革実施（3月）．北朝鮮，重要産業国有化．北朝鮮労働党結成（8月）．南朝鮮労働党結成（11月）．南朝鮮過渡立法議院開院（12月）

1947 北朝鮮人民委員会成立（2月）．北朝鮮，貨幣改革実施（12月）

1948 朝鮮人民軍創設（2月）．大韓民国成立（大統領李承晩）（8月）．韓国軍創設．朝鮮民主主義人民共和国成立（首相金日成）（9月）．ソ連軍，北朝鮮から撤退（12月）

1949 韓国，農地改革法公布．米軍，韓国から撤退．朝鮮労働党成立（北朝鮮労働党が南朝鮮労働党を吸収）（6月）

1950 朝鮮人民軍，38度線を越え南に侵攻（6月25日）

1953 朝鮮戦争休戦協定締結（7月）

1954 北朝鮮，農業協同化の本格化を決定（11月）

1958 北朝鮮，農業協同化完了（8月）

1960 韓国，学生革命（李承晩，大統領辞任）（4月）

1961 韓国，陸軍少将朴正煕，クーデターで政権掌握（5月）

1968 北朝鮮特殊部隊，韓国大統領府（青瓦台）襲撃（1月）

1974 朴正煕大統領狙撃未遂事件（大統領夫人が死亡）（8月）

1979 朴正煕大統領暗殺（10月）

1980 金正日，朝鮮労働党中央委員に選出（10月）

1983 北朝鮮工作員，ラングーン爆弾テロ（全斗煥大

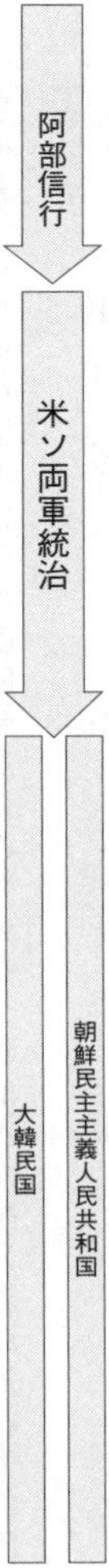

充計画実行宣誓式．平元線開通．農村労働力調整要綱発表（4月）．朝鮮住宅営団令公布（6月）．自給肥料増産運動実施要綱発表（7月）．労働技術統計調査開始．水豊発電所，満洲国側へ送電開始（8月）．自作農創定計画（第2次）・間接税増税案発表（11月）．朝鮮蚕糸統制株式会社設立（12月）

1942 京仁工業地帯工業用水拡張工事着手（3月）．直接税増徴改正令施行．朝鮮農地作付統制規則施行．京畿道糧穀株式会社設立（4月）．京城・平壌間複線工事完成．朝鮮に徴兵制施行決定．日本製鉄清津製鉄所火入式．南総督辞任．陸軍大将小磯国昭，総督就任（5月）．企業整備令施行（6月）．戦時鉱山増産強調運動（国民総力朝鮮鉱山聯盟主催，第2回）実施（9月）．全土で生産力拡充推進運動実施（11月）．朝鮮農地開発営団設立（12月）

1943 鮮満間通関簡素化（「通し運送」実施）．第1回農業計画委員会開催（1月）．多獅島鉄道会社線，新義州・南市間国有化．朝鮮電力管理令施行．朝鮮石油専売令公布．軍需生産責任制施行（4月）．朝鮮コークス配給統制組合設立（5月）．朝鮮兵器工業会発会式．朝鮮石炭配給統制令公布（6月）．朝鮮食糧管理令公布．重要鉱物増産令改正（5ヵ年延長）（8月）．生産増強労務強化対策要綱発表．朝鮮食糧営団設立（10月）．朝鮮重要物資営団設立（12月）

1944 農商局主催土地管理懇談会で不在地主動員強化を協議（1月）．農業生産責任制実施要綱決定．国民徴用令発動．間接税増税実施（2月）．希有元素開発方針決定．地主活動促進要綱・農地管理実施要綱・惰農者措置要綱発表．朝鮮在勤朝鮮人文官への在勤加俸支給発表（3月）．朝鮮鉄道株式会社黄海線など4路線国有化．徴兵制施行（徴兵検査開始）．軽金属決戦増産期間要綱発表．主要都市で学童給食開始（4月）．国民職業能力申告令施行（5月）．小磯総督辞任．陸軍大将阿部信行，総督就任（7月）．女子挺身勤労令施

南次郎 / 小磯国昭 / 阿部信行

1937 総督府，満洲国と鮮満鴨緑江共同技術委員会設置に関する覚書締結（1月）．重要産業統制法施行（3月）．鉄鋼調査に関する府令制定（5月）．朝鮮林業開発株式会社令公布（6月）．北支事変（盧溝橋事件）起こる．総督府で各種緊急会議開催（7月）．朝鮮北支事件特別税令公布（8月）．朝鮮産金令公布（9月）．国民精神総動員徹底強化につき臨時各道知事会議開催（12月）

1938 臨時肥料配給統制令施行（1月）．陸軍特別志願兵令公布（2月）．朝鮮教育令改正（3月）．国家総動員法施行（5月）．朝鮮重要鉱物増産令施行（6月）．国民精神総動員朝鮮聯盟発会式（7月）．物価委員会設置（8月）．ガソリン統制実施（9月）．石炭・煉炭・木炭最高販売基準価格決定（10月）．京城・仁川府，「軍需工業集団地帯」建設を計画（12月）

1939 防空強化のため警務局に防護課新設（2月）．朝鮮マグネサイト開発株式会社令公布（4月）．南朝鮮一帯，大干ばつ（春－）．国民登録制施行．国民職業能力申告令施行．工場事業場技能者養成令公布（6月）．京城・北京間，有線電話開通（7月）．賃金統制令施行（8月）．朝鮮米300万石臨時増産計画決定．米価最高価格決定（9月）．価格等統制令，地代家賃統制令，国民徴用令施行（10月）．朝鮮米穀市場株式会社設立（11月）．小作料統制令施行．茂山鉄鉱開発株式会社設立（12月）

1940 朝鮮米680万石増産計画要綱発表．警務局に経済警察課新設（1月）．海運統制令施行（2月）．朝鮮所得税令など各税令改正（4月）．虚川江水力発電所送電開始（5月）．麦類，大豆など畑作大増産計画決定（8月）．国勢調査施行．国民総力朝鮮聯盟要綱発表（10月）．土地賃貸価格調査令公布．農山村生産報国指導要綱発表（12月）

1941 アルミニウム製造奨励金交付規則施行（1月）．朝鮮思想犯予防拘禁令公布．臨時農地価格統制令・農地管理令施行（2月）．青年隊生産報国運動実施要綱発表（3月）．全鮮7万部落の生産拡

南次郎

株式会社設立（11月）．地方自治に向けた地方制度大改正（12月）

1931 雄基港修築工事竣工式（5月）．斎藤総督辞任．陸軍大将宇垣一成，総督就任（6月）．万宝山事件（満洲の長春近郊における朝鮮人移住農民・中国人間の流血事件）発生．これに刺激され，各地とくに平壌で朝鮮人が中国人を襲う（7月）．満洲事変勃発（9月）．金輸出再禁止（12月）

1932 満洲国建国（3月）．北鮮開拓事業計画成る（4月）．穀物検査所官制公布（9月）．自作農地設定事業要綱発表（10月）．金融組合員の負債整理に関する件発布（同時に施行）．統営運河・海底道路竣工式（11月）．朝鮮小作調停令公布（12月）

1933 内鮮連絡電話開通式．第1回臨時朝鮮米穀調査委員会開催（1月）．棉花増産計画発表（2月）．農山漁村振興計画発表．日本，国際聯盟脱退（3月）．釜山・新義州間鉄道スピードアップ実現（4時間短縮）（4月）．初の道会議員総選挙実施（5月）．広梁湾塩田拡張5ヵ年計画樹立，起工式（6月）．全土で大水害（6－9月）．羅津築港起工式．清津・新京（満洲）間直通列車を初運転（10月）．錦江橋竣工式（11月）

1934 簡易学校設置に関する件通牒（1月）．緬羊奨励計画発表（3月）．産米増殖計画による土地改良事業中止（5月）．朝鮮農地令施行（10月）．釜山・新京間直通列車を初運転（11月）

1935 農家更生計画拡充のための臨時道知事会議開催（1月）．朝鮮麻薬取締令公布（4月）．朝鮮土地改良株式会社解散（7月）．国勢調査施行，朝鮮軍師団対抗演習（10月）．長津江水力発電所送電開始（11月）

1936 京城国防化学協会発会式（4月）．鮮満拓殖会社令施行（6月）．宇垣総督，辞任．陸軍大将南次郎，総督就任（8月）．南総督，植田謙吉関東軍司令官と会談．鮮満一如の具現方法などを協議（10月）．南総督，松岡洋右満鉄総裁と会談．移民政策などを協議（11月）．朝鮮思想犯保護観察令公布（12月）

本府局長（学務局長）に朝鮮人を初めて登用．行財政整理の方針に則り，職員定員削減（12月）
1925 満鉄への鉄道経営委託を解除（3月）．鉄道局新設．産繭100万石計画開始（4月）．朝鮮に治安維持法施行（5月）．全土で大水害（7－8月）．簡易国勢調査施行（10月）．朝鮮・満洲連絡電話開通（11月）．中国在留邦人保護のため朝鮮から警察官と軍を派遣（12月）
1926 朝鮮水力発電株式会社設立（1月）．メートル法専用の度量衡令公布（2月）．京城帝国大学医学部・法文学部開設，製鉄業奨励法の一部を朝鮮に施行する件公布（4月）．税制調査会創設，国有林野整理・公私有林野改善のために官制改正（6月）．全国山林大会開催（10月）
1927 朝鮮貴族世襲財産令公布（2月）．朝鮮農会設立．朝鮮資本利子税・営業税令公布（3月）．朝鮮窒素肥料株式会社設立．内地の金融恐慌が朝鮮に波及したため支払猶予令公布．殖産局に土地改良部を新設（5月）．肥料取締令公布．図們江国際鉄橋竣工式（9月）．斎藤総督辞任．陸軍大将山梨半造，総督就任（12月）
1928 第1回臨時小作調査委員会開催（2月）．京城府営バス開業（4月）．総督府医院，京城帝国大学附属病院となる（6月）．朝鮮金融制度調査会開催（8月）．咸鏡線全通．咸鏡道で水害，犠牲者1400名（9月）．第1回炭田調査委員会開催（12月）
1929 1面1校計画の件通牒（1月）．京城飛行場開場式（4月）．朝鮮簡易生命保険特別会計法公布（5月）．大邱・平壌官立師範学校開校．道立医学講習所規程発布．普通学校規程改正，職業課目を必須とする（6月）．朝鮮貯蓄銀行設立（7月）．山梨総督辞任．斎藤実，総督再任（8月）．赴戦江発電所，送電開始（11月）．光州で内地人・朝鮮人生徒間の争闘事件発生，全土に同盟休校波及（11－12月）
1930 金輸出解禁（1月）．全土で大水害，犠牲者2600名（7月）．国勢調査施行（10月）．朝鮮米穀倉庫

辞任．陸軍大将長谷川好道，総督就任（10月）
1917　朝鮮国有鉄道の満鉄委託に関する勅令公布（7月）．朝鮮兵器製造所設立．大豆検査規則発布（9月）．面制施行．漢江橋竣工式（10月）．咸鏡線，清津・会寧間開通式（11月）
1918　肺結核予防に関する件発布（1月）．朝鮮関税定率中改正の件公布．石炭の輸移入税廃止．一定の能力を有する製鉄業に必要な設備材料などの輸移入税免除（3月）．水原農林専門学校新設（4月）．朝鮮林野調査令公布（5月）．朝鮮殖産銀行設立（各地の農工銀行を合併）．仁川築港ドック竣工式（10月）．土地調査事業完了，臨時土地調査局廃止（11月）
1919　李太王（高宗）死去（1月）．万歳騒擾事件（3月）．全土で大干害（7－8月）．長谷川総督辞任．海軍大将斎藤実，総督就任，総督府官制の大幅改正，憲兵警察制度廃止（8月）．総督府，臨時干害救済委員会を設置，諸対策実施（9月－）
1920　会社令廃止（4月）．関税据置き期間満了（8月）．国勢調査施行を見送り，臨時戸口調査を施行（10月）．学制改正，普通学校の修業年限を6ヵ年に延長（11月）．産米増殖計画樹立，旧韓国貨幣の流通禁止（12月）
1921　煙草専売令制定，専売局設置，民間の煙草製造工場を買収（4月）．釜山に水産試験場開設（5月）．産業調査委員会設置（6月）
1922　朝鮮教育令改正（2月）．平壌炭田，平壌鉱業所を総督府から海軍省に移管（4月）．ウラジオストクから白系ロシア人避難民，約9000人が元山に来着．日本赤十字社朝鮮本部が救済にあたる（10月－）
1923　朝鮮種痘令公布，肺ジストマ予防に関する件発布（4月）．城津，清津築港工事起工式（5月）．京城陸軍無線電信所を逓信局に移管（6月）．民間諸鉄道会社合併，朝鮮鉄道株式会社の設立を認可（9月）．大同橋竣工式（11月）
1924　総督府燃料選鉱研究所開所（5月）．南朝鮮米産地で大干害（春）．北朝鮮西部で大水害（7月）．

当性を訴えるために，万国平和会議〈オランダ，ハーグ〉に密使を派遣した事件〈会議への参加は拒否される〉）（6月）．高宗退位．第3次日韓協約締結（7月）．韓国軍隊解散．新皇帝（純宗）即位式挙行（8月）．解散兵が各地で反日闘争を行う（8月－）．司法制度改革（裁判所関連法を公布）．財務・学務・農商工務関連官制公布（12月）

1908 スチーブンス外交顧問，日本の保護政治を称賛したことで韓国人に暗殺される（3月）．東洋拓殖株式会社設立（8月）

1909 伊藤統監，辞任．曽禰荒助副統監，統監就任（6月）．伊藤前統監，ハルビンで韓国人に暗殺される（10月）．中央銀行（韓国銀行）設立（10月）

1910 韓国政府，土地調査法公布（3月）．曽禰統監，辞任．寺内正毅，統監就任（5月）．日韓併合条約締結．朝鮮総督府設置に関する勅令，大赦令，地税等減免の件など公布，恩賜金3000万円下賜（8月）．臨時土地調査局官制公布（9月）．寺内，朝鮮総督就任（10月）．会社令公布（12月）

1911 朝鮮事業公債法，朝鮮銀行法公布（3月）．朝鮮教育令公布（8月）．鴨緑江架橋竣工（11月）

1912 朝鮮民事令ほか民事・刑事関連勅令，中央試験所関連勅令，朝鮮関税令など公布（3月）．小麦，大豆など8品目を除き輸移出税廃止（4月）．土地調査令，銃砲火薬取締令公布（8月）．銀行令公布（10月）

1913 朝鮮に産出する米及籾移入税廃止（法律第17号）（7月）．府制，学校組合令公布（10月）

1914 煙草税令，地税令公布．湖南線全通式（3月）．農工銀行令，地方金融組合令公布（5月）．京元線全通式（9月）

1915 米穀検査規則発布（2月）．専門学校規則発布（3月）．伝染病予防令公布（6月）．総督府博物館開館．朝鮮鉱業令公布（12月）

1916 宿屋営業取締規則，芸妓・酌婦・芸妓置屋営業取締規則など発布（3月）．法人所得税に関する規定を朝鮮に施行する件公布（7月）．寺内総督

大韓帝国

日本統治

寺内正毅

日本統治下の朝鮮 関連年表

（1887年以前は陰暦）

年	事　項	国制（総督名）
1866	アメリカ船，平壌侵入，フランス艦隊，江華島侵入（7－8月）	朝鮮
1871	アメリカ艦隊，江華島侵入（4－5月）	
1875	日本軍艦，江華島で朝鮮砲台と交戦（8月）	
1876	日朝修好条規締結（2月）	
1880	元山開港（3月）	
1882	朝米，朝英，朝独修好通商条規締結（4－5月）．朝清商民水陸貿易章程締結（8月）．仁川開港（11月）	
1884	朝露修好通商条規締結（閏5月）	
1885	イギリス東洋艦隊，巨文島占領（3月－87年1月）	
1894	日清開戦（7月）	
1895	日清，下関条約締結（4月）	
1897	朝鮮，国号を大韓とする．高宗，皇帝即位（10月）	大韓帝国
1900	京仁鉄道開通（11月）	
1902	第一銀行韓国内支店，銀行券発行開始（5月）	
1904	日露開戦（2月）．第1次日韓協約締結（8月）．目賀田種太郎（大蔵省主税局長），韓国政府財政顧問となる（10月）．米国人スチーブンス，韓国政府外交顧問となる（12月）	
1905	京釜鉄道営業開始．貨幣条例公布（日本通貨の流通公認），第一銀行，貨幣整理事業事務を受託（1月）．韓国政府，東京で国債200万円発行（6月）．第2回日英同盟締結（英国，韓国における日本の特殊権益を承認）（8月）．日露，ポーツマス講和条約締結（9月）．第2次日韓協約締結（11月）．統監府及理事庁官制公布（12月）	
1906	統監府開庁（2月）．初代統監伊藤博文着任（3月）．統監府鉄道管理局官制施行（京釜・京仁鉄道を日本政府が買収）（7月）	
1907	ハーグ密使事件（皇帝高宗が第2次日韓協約の不	

木村光彦（きむら・みつひこ）

1951年東京生まれ．北海道大学経済学部卒業．大阪大学大学院経済学研究科博士後期課程単位取得満期退学．帝塚山大学教授などを経て，99年より青山学院大学国際政治経済学部国際経済学科教授．専攻・東アジア経済論．

著書『北朝鮮の経済』（創文社，1999年）
　　『北朝鮮経済史』（知泉書館，2016年）
共著『アジア発展のカオス』（勁草書房，1997年）
　　『戦後日朝関係の研究』（知泉書館，2008年）
　　ほか多数

日本《に ほん》統治下《とう ち か》の朝鮮《ちょうせん》
中公新書 *2482*

2018年4月25日初版
2018年5月10日再版

著　者　木村光彦
発行者　大橋善光

本文印刷　三晃印刷
カバー印刷　大熊整美堂
製　　本　小泉製本

発行所　中央公論新社
〒100-8152
東京都千代田区大手町 1-7-1
電話　販売 03-5299-1730
　　　編集 03-5299-1830
URL http://www.chuko.co.jp/

Published by CHUOKORON-SHINSHA, INC.
Printed in Japan　ISBN978-4-12-102482-4 C1221

中公新書刊行のことば

いまからちょうど五世紀まえ、グーテンベルクが近代印刷術を発明したとき、書物の大量生産は潜在的可能性を獲得し、いまからちょうど一世紀まえ、世界のおもな文明国で義務教育制度が採用されたとき、書物の大量需要の潜在性が形成された。この二つの潜在性がはげしく現実化したのが現代である。

いまや、書物によって視野を拡大し、変りゆく世界に豊かに対応しようとする強い要求を私たちは抑えることができない。この要求にこたえる義務を、今日の書物は背負っている。だが、その義務は、たんに専門的知識の通俗化をはかることによって果たされるものでもなく、通俗的好奇心にうったえて、いたずらに発行部数の巨大さを誇ることによって果たされるものでもない。現代を真摯に生きようとする読者に、真に知るに価いする知識だけを選びだして提供すること、これが中公新書の最大の目標である。

私たちは、知識として錯覚しているものによってしばしば動かされ、裏切られる。私たちは、作為によってあたえられた知識のうえに生きることがあまりに多く、ゆるぎない事実を通して思索することがあまりにすくない。中公新書が、その一貫した特色として自らに課すものは、この事実のみの持つ無条件の説得力を発揮させることである。現代にあらたな意味を投げかけるべく待機している過去の歴史的事実もまた、中公新書によって数多く発掘されるであろう。

中公新書は、現代を自らの眼で見つめようとする、逞しい知的な読者の活力となることを欲している。

一九六二年一一月